Padre Justin Taylor è uno studioso ~~~~~~ ha messo a disposizione la sua pr~~~~ la conoscenza della vita e dei tempi ~~~~~~ Jean-Claude Colin (1790–1875). Ne ~~~~~~~~~~~ ~~~ libro, scritto in inglese, intitolato *Jean-Clau~~ ~~~tant Founder*. È un libro molto lungo, realizzato con cur~, ben scritto e prezioso per aiutarci a comprendere la storia e il contesto della vita del Venerabile Jean-Claude Colin e della Congregazione religiosa da lui fondata. È un piacere leggerlo.

Ora padre Taylor ha prodotto una nuova edizione di questo libro, notevolmente condensata. Questa versione viene pubblicata in più lingue. Ci auguriamo che aiuti a rendere meglio conosciuta l'interessante vita del Venerabile Jean-Claude Colin. Probabilmente, porterà il lettore a ricercare anche la versione più lunga della storia.

Padre Taylor ci racconta la storia dell'ambiente francese post-rivoluzione in cui è nato padre Jean-Claude e la risposta che lui e i suoi compagni hanno dato nel fondare una Congregazione religiosa chiamata Società di Maria, o Maristi.

Le strutture della chiesa cattolica erano state distrutte dalla Rivoluzione francese. Padre Jean-Claude e i suoi compagni, predicando missioni parrocchiali, si sono recati nelle remote montagne del Bugey, nel centro della Francia, e hanno dato speranza e incoraggiamento alla gente visitandola, ascoltandola e celebrando i Sacramenti in mezzo a loro. Il paese era in perenne crisi politica, economica e religiosa. Padre Jean-Claude e i suoi compagni hanno risposto lavorando nel campo dell'educazione dei giovani per portarli alla conoscenza laica e religiosa nelle scuole e nei seminari. Il mondo europeo stava aprendo i suoi orizzonti all'esplorazione di un mondo più vasto. Jean-Claude e i suoi compagni organizzarono missioni negli angoli più remoti del Pacifico, il più lontano possibile dalla Francia. Nel frattempo, padre Jean-Claude e i suoi compagni formarono una famiglia di Congregazioni Religiose che si svilupparono ai suoi tempi e continuano a svilupparsi tutt'oggi.

La storia di tutto ciò che è stato realizzato da padre Jean-Claude Colin e dai suoi compagni, uomini e donne, è stata guidata da una semplice, profonda e accessibile spiritualità che guardava a Maria come loro guida per vivere e servire quel mondo turbolento. Quella spiritualità continua ad essere il dono più grande che i Maristi offrono alla chiesa e al mondo del nostro tempo. Gli scritti di padre Justin Taylor rendono questa bella spiritualità accessibile a tutti.

Siamo grati a padre Justin Taylor per averci offerto l'opportunità di riesaminare la storia e per averci offerto uno spaccato della straordinaria santità e dell'entusiasmo evangelico di padre Jean-Claude Colin. Si tratta di una storia affascinante per il suo tempo e stimolante per il nostro tempo.

John Larsen sm
Superiore Generale della Società di Maria.
Festa del Santo Nome di Maria, 12 settembre 2021

Breve vita di Jean-Claude Colin, Fondatore Marista

di Justin Taylor SM

Ritratto di Jean-Claude Colin di Antoine Tollet (1857–1953) dalle fotografie scattate al Capitolo Generale del 1866.

Breve vita di Jean-Claude Colin, Fondatore Marista

Adattamento da *Jean-Claude Colin, Reluctant Founder*

di Justin Taylor SM

ITALIA
2021

Disegno della copertina: Myf Cadwallader e Ron Nissen SM
Traduttrice: Renato Frappi sm
Immagine di copertina: Società di Maria
Editore di testi: Gabriel Bueno Siqueira
Disposizione: Extel Solutions
Font: Minion Pro

ISBN: 978-1-922737-09-0   soft
       978-1-922737-10-6   hard
       978-1-922737-11-3   epub
       978-1-922737-12-0   pdf

Pubblicato e Pubblicato da

ITALIA

Making a lasting impact

An imprint of the ATF Press Publishing Group
owned by ATF (Australia) Ltd.
PO Box 234
Brompton, SA 5007
Australia
ABN 90 116 359 963
www.atfpress.com

Tabla de contenido

Crediti fotografici

Frontespizio, 1, 7, 8, 13, 15, 31, 39, 46, 47, 53, 59, 62, 63, 67, 69, 74:
Ron Nissen sm

Pagina 6: *Fourvière: à travers les siècles*, J. Escot, Lyon, 1954.

Pagina 21, 54, 68, 81, 82: Archivi Generali della Società di Maria.

Pagina 41: Archivi della Diocesi Cattolica di Auckland.

Pagina 44: Andrew Murray sm.

Nota introduttiva

Questa 'Breve Vita di Jean-Claude Colin' è tratta dalla biografia completa pubblicata dall'autore: *Jean-Claude Colin, Reluctant Founder* (Hindmarsh, SA: ATF Press, 2018). È prodotta per gentile concessione dell'editore dell'opera, Sig. Hilary D Regan e Sig Gabriel B Siqueira di ATF Press Publishing Group. I lettori che desiderano avere maggiori informazioni sulla vita di Jean-Claude Colin o sulle fonti utilizzate devono consultare la biografia completa.

Ringrazio di cuore Alois Greiler sm e Ron Nissen sm che hanno letto una prima versione di questo testo e che hanno fatto commenti e suggerimenti molto utili per migliorarlo.

Capitolo 1
Presentazione di Jean-Claude Colin

Jean-Claude Colin e la Società di Maria, di cui è una figura fondatrice, si inseriscono nell'ampio contesto della risposta del cattolicesimo francese – e più in generale del cristianesimo europeo – alla sfida lanciata dai tempi moderni. In Francia questi tempi moderni sono apparsi con la grande Rivoluzione del 1789, che ha portato alla persecuzione della Chiesa. Ma, anche senza il dramma e il trauma della Rivoluzione, il cattolicesimo francese sarebbe stato messo seriamente alla prova dalla nuova civilizzazione che qualifichiamo come moderna. I nuovi modi di pensare, chiamati precisamente Lumi, l'indifferenza religiosa, l'accesso delle classi medie al potere economico e politico, il capitalismo, l'industrializzazione e l'urbanizzazione, la scoperta da parte degli Europei di nuove terre e nuove popolazioni nei Mari del Sud: tutti questi nuovi fenomeni richiedevano una risposta dal cristianesimo europeo. E questa risposta non fu affatto solo negativa. Perché la nuova era offriva anche nuove possibilità e suscitava una nuova vitalità.

Colin è nato il 7 agosto 1790, poco più di un anno dopo della caduta della Bastiglia. Prima dei cinque anni aveva perso i suoi genitori, vittime – e anche martiri, pensava – della Rivoluzione, a causa delle privazioni subite per il sostegno offerto al loro parroco che non aveva firmato la costituzione civile del

Barbery – Croce sul luogo di nascita

1

clero. Della sua infanzia ricordava le messe clandestine e i preti in fuga. Queste esperienze non potevano che dargli, come a numerosi suoi contemporanei, una visione apocalittica della storia del mondo, in contraddizione con la fiducia dominante nel 'progresso'.

La cosa non meno interessante in lui è che egli concepì una risposta nuova, e forse unica nel suo genere, a ciò che oggi noi chiamiamo 'secolarizzazione'. Risposta riassunta nell'espressione "sconosciuti e nascosti in questo mondo". Per rispondere a ciò che egli considerava come l'orgoglio dei tempi nuovi – in altre parole, il suo senso caratteristico dell'autonomia umana – raccomandava l'umiltà, l'oblio di sé, non solo dell'individuo ma del gruppo e dell'istituzione. In questo era ispirato dalla lettura della presenza di Maria nella Chiesa nascente. Ai nostri giorni questa intuizione è tanto opportuna e necessaria come non mai.

Colin appartiene ad una straordinaria generazione di uomini e donne che rappresentano la risposta del cattolicesimo francese ai nuovi tempi, con una fioritura vigorosa e variegata di vita, di spiritualità e di azione apostolica nella Chiesa. Una delle regioni più importanti di questo rinnovamento è stata quella di Rhône-Alpes, con al centro Lione, all'epoca seconda città della Francia e sede primaziale dei 'Galli'. In effetti, questa regione formava una certa unità culturale oltre che geografica; la lingua materna parlata nelle campagne di questa regione non era il francese, ma un *patois* o dialetto locale francoprovenzale, simile ma distinto dal francese parlato più a nord e dal provenzale parlato più a sud. Questa lingua, parlata anche in Svizzera e persino in certe regioni dell'Italia, non ha mai acquisito una forma standard che potesse essere usata come lingua scritta. Dal XVI° secolo, nella regione si è fatto strada il francese come lingua dell'amministrazione e dell'insegnamento formale.

Lione conserva la memoria dei suoi martiri del II° secolo, tra i quali troviamo i suoi primi vescovi, Potino e Ireneo, santa Blandina, e numerosi altri santi nei secoli fino ai nostri tempi. Tra i santi e le sante della diocesi di Lione nel periodo post-rivoluzione ricordiamo Antoine Chevrier, fondatore dell'Opera del Prado; Pauline Jaricot, fondatrice dell'Opera della Propagazione della Fede; Louis Querbes, fondatore dei Chierici di san Viatore; Frédéric Ozanam (lionese d'adozione), fondatore della Società di San Vincenzo de Paoli; Jean-Pierre Néel, prete, missionario e martire.

Nella parte est della regione, limitrofa alla Svizzera e alla Savoia (in passato ducato indipendente) si trova il dipartimento dell'Ain, con la sua capitale storica (non più centro amministrativo) e la sua sede episcopale di Belley. Prima della Rivoluzione, la diocesi di Belley era stata culla di numerosi santi. Dopo la restaurazione nel 1822, la lista si è ben presto allungata con santi nati nella diocesi o adottati: in primo luogo, naturalmente, il Curato d'Ars, Jean-Marie Vianney; ma anche Jean-Baptiste Bottex, una delle vittime del massacro del convento dei Carmelitani, il 3 settembre 1792; Gabriel Taborin, fondatore della congregazione dei Fratelli della Sacra Famiglia di Belley; Rosalie Rendu, Suora della Carità.

Originario di Saint-Bonnet-le-Troncy (Rhône), Colin, come vedremo, ha trascorso gran parte della sua vita nel dipartimento dell'Ain. Sebbene inizialmente non fosse affatto sicuro della sua vocazione sacerdotale, ha studiato a Saint-Jodard (Loire) e in altri seminari minori, poi al seminario maggiore di Sant'Ireneo a Lione. All'epoca la diocesi di Lione, diretta dal cardinal Fesch, zio dell'imperatore Napoleone, comprendeva i tre dipartimenti di Loire, Rhône e Ain. Così si sono trovati insieme per gli studi giovani i cui percorsi altrimenti non si sarebbero mai incontrati. Jean-Marie Vianney era entrato un anno prima di Colin, che in seguito lo consultò più di una volta ad Ars. Altro compagno di seminario, il futuro san Marcellin-Joseph-Benoît Champagnat, nato nel 1789 a Marlhes, vicino a Saint-Etienne (Loire), che sarà strettamente associato a Colin.

Capitolo 2
La Società di Maria

Prima di essere ordinati il 22 luglio 1816, Colin, Champagnat e alcuni altri avevano aderito ad un gruppo desideroso di formare una Società di Maria, i cui membri si sarebbero chiamati Maristi. L'iniziatore di questo progetto era un compagno del seminario Sant'Ireneo, Jean-Claude Courveille, di Le Puy-en-Velay (Haute-Loire). Inginocchiato davanti alla Vergine nera della cattedrale, aveva 'sentito' nella preghiera la Vergine Maria che gli diceva di desiderare una nuova Società che portasse il suo nome, con lo scopo di fare la sua opera. Questa Società, nata in un momento di crisi nella Chiesa, doveva corrispondere in qualche modo alla Compagnia di Gesù suscitata al tempo della Riforma. Doveva promuovere la predicazione, la catechesi, le confessioni nelle parrocchie della regione, spesso abbandonate, e doveva essere aperta a ministeri più ampi come l'educazione e persino le missioni estere.

Alla fine del XVIII° secolo e all'inizio del XIX°, il nome Società di Maria era nell'aria. Già nel 1792, all'epoca in cui la Compagnia di Gesù era stata soppressa, Bernard Dariès lo aveva dato ad un nuovo progetto che circolava tra i Francesi esiliati in Spagna. Nello stesso periodo, alcuni ex Gesuiti si erano raggruppati sotto il nome di Società di Maria. Sembra tuttavia che Courveille e i suoi compagni non fossero a conoscenza di questo. Nel 1817, a Bordeaux, Guillaume-Joseph Chaminade, che non era a conoscenza di ciò che stava accadendo a Lione, aveva fondato una Società di Maria (Marianisti). Il nome Maristi, che Courveille credeva provenisse dalla stessa Vergine Maria, in realtà non era stato utilizzato da nessun altro.

Per Jean-Claude Colin, la chiamata di Maria era irresistibile fin dall'infanzia, quando sua madre morente aveva raccomandato tutti

Fourvière – Antica cappella e fedeli

i suoi figli, presto orfani, alle cure materne della Vergine Santa. Inoltre, già prima di entrare nel Seminario maggiore, aveva pensato a una sorta di istituto apostolico sotto il nome di Maria. Da parte sua, Marcellino Champagnat aveva già un progetto di congregazione di Fratelli insegnanti, e aveva persuaso gli altri aspiranti maristi a includerli nella Società di Maria che comprendeva anche religiose e terziari laici. Notiamo l'origine relativamente umile di questi giovani, nati in famiglie di piccoli proprietari terrieri o di artigiani. Forse è un effetto inatteso della Rivoluzione e del suo principio di *égalité* che si siano sentiti in grado di fondare una nuova congregazione religiosa anziché rivolgersi ad uno dei loro 'superiori' sociali, un membro della piccola nobiltà, come aveva fatto fino ad allora la maggior parte dei fondatori religiosi. Il 23 luglio 1816, il gruppo—dodici in tutto—si è ritrovato un'ultima volta nel santuario mariano di Fourvière, che domina la città di Lione. Il loro capo, Jean-Claude Courveille, celebrò la sua prima messa e dette la santa comunione ai suoi compagni; sotto il corporale avevano messo un documento, firmato da tutti, con il quale si impegnavano a fare tutto il possibile per far esistere la Società di Maria.

Il neo ordinato Jean-Claude Colin fece il suo apprendistato di prete come viceparroco di suo fratello Pietro a Cerdon (Ain). Situato all'intersezione di tre valli all'estremo nord delle montagne del Bugey, a diciannove chilometri da Nantua, Cerdon era un punto di riferimento sulla strada da Lione a Ginevra; nel 1832, la sua popolazione era di 1.745 abitanti. Le vigne crescevano su uno dei pendii circostanti e Cerdon era—ed è ancora—famoso nella regione per il suo gradevole vino, leggermente frizzante.

Cerdon – Panorama del paese

Cerdon non era sfuggita agli effetti degli straordinari avvenimenti del 1814-1816. Come il resto della regione del Bugey e come Lione, il paese sosteneva Bonaparte. Aveva subito le conseguenze delle sconfitte di Napoleone nel 1814-1815: l'invasione da parte di un esercito austriaco venuto dalla Svizzera e gli indennizzi della guerra. La regione aveva anche sofferto di un'estate disastrosa; durante l'inverno 1817 molti abitanti sperimentarono una vera sofferenza. Questi avvenimenti, raccontati dal maestro del paese, avranno certamente avuto un impatto sui sacerdoti appena arrivati. I verbali del municipio ci informano che Pierre Colin, in quanto parroco, faceva parte di un Comitato di soccorso organizzato dal sindaco, che aveva deciso di trasferire ad un fondo di emergenza i soldi destinati alle riparazioni del campanile. Il 3 dicembre 1793, la chiesa, posta su una collina al centro del paese, era stata saccheggiata, il campanile distrutto e il mobilio dato alle fiamme. Dopo il ripristino del culto con il Concordato del 1801, Cerdon era stato servito da una serie

Ritratto di J-M Chavoin

di preti. Quando arrivano i fratelli Colin, la parrocchia, secondo tutte le indicazioni, si trova in buono stato.

Senza tardare, Jean-Claude invitò Pierre a aderire al progetto marista e cominciò a scrivere una regola per la Società di Maria. Nel 1817, Marcellino Champagnat, parroco a La Valla (Loire), cominciò a reclutare e a formare i primi 'Piccoli Fratelli di Maria', e Pierre Colin invitò due giovani donne da lui conosciute, Jeanne-Marie Chavoin, nata a Coutouvre (Loire) nel 1786, e Marie Jotillon, a venire a Cerdon e ad iniziare il ramo delle Suore Mariste. Nel 1819, Jean-Claude fece il voto di recarsi a Roma per rivelare al Santo Padre quella che egli pensa essere l'origine soprannaturale della Società.

Tuttavia il progetto degli aspiranti maristi non aveva trovato una favorevole accoglienza da parte dei vicari generali che dirigevano la diocesi di Lione a nome del cardinal Fesch, esiliato a Roma dopo la caduta di suo nipote Napoleone. Volevano mantenerli al servizio esclusivo della diocesi, e magari fonderli con i missionari della Croce di Gesù ('Certosini' di Lione) appena fondati. Scoraggiati, la maggioranza dei primi aspiranti avevano concluso che il progetto non avrebbe portato da nessuna parte e se ne erano distaccati. In questo difficile periodo, Jeanne-Marie Chavoin incoraggiava e sosteneva i due fratelli Colin.

Nel gennaio 1822, Courveille, Pierre e Jean-Claude Colin scrissero a Papa Pio VII riguardo al loro progetto. Nella sua riposta, il papa prudentemente li incoraggiò e li orientò verso il suo Nunzio a Parigi. Jean-Claude fece due viaggi nella capitale; presentò la regola al Nunzio, Mons. Macchi, e ai Padri Sulpiziani, i quali gli fecero notare che era più adatta 'a degli angeli che a degli uomini'.

È probabile che se i Maristi avessero sottomesso un semplice progetto di congregazione di preti impegnati nella predicazione di missioni e nell'educazione, e pronti a partire per le missioni estere, avrebbero ottenuto rapidamente l'approvazione di Roma. Invece, il progetto di una Società a più rami comprendente Padri, Suore, Fratelli e laici, risultò inaccettabile. In più, la regola di Colin, di cui oggi possediamo solo dei frammenti, non era assolutamente il genere di documento che i canonisti esigevano da un nuovo gruppo religioso: essa era utopica, sia nel senso che era altamente idealista, ma anche perché si basava su una visione del posto della Società di Maria nella Chiesa e quindi nel mondo, cosa importante se si vuol comprendere il pensiero globale di Jean-Claude Colin.

Questa visione utopistica è espressa nel sommario delle Regole della Società scritto da Colin nel 1833: "Lo scopo generale della Società è di contribuire nel modo migliore... (a) raccogliere tutti i membri di Cristo, ...in tal modo che alla fine dei tempi così come agli inizi, tutti i fedeli siano, con l'aiuto di Dio, *un cuore solo e un'anima sola* (cf At 4,32), nel seno della Chiesa romana, e che tutti, camminando in maniera degna di Dio sotto la guida di Maria, possano ottenere la vita eterna". Colin ripeteva sovente una parola che attribuiva a Maria stessa: 'Sono stata il sostegno della Chiesa nascente; lo sarò alla fine dei tempi.' Ha spesso detto che la Chiesa ai suoi inizi—letteralmente 'la Chiesa che stava per nascere'—era il solo ed unico modello della Società di Maria. Leggendo gli Atti degli Apostoli, ha trovato lo stato ideale della Chiesa nei primi tempi, quando Maria era il suo sostegno, e quando tutti i credenti erano un cuore solo e un'anima sola nella condivisione dei beni. Si aspettava che sarebbe successo 'alla fine dei tempi', quando Maria sarebbe stata ancora una volta il sostegno della Chiesa. Credeva che in questo compimento escatologico Maria avesse un ruolo chiave: lei voleva che la sua Società lo portasse a termine. Questa era la ragione e il motivo della sua esistenza. Nel frattempo, la Società doveva sforzarsi di realizzare questo progetto e anche di modellare la 'nuova Chiesa' che doveva rassomigliare alla Chiesa degli Atti. Una tale percezione del ruolo di una nuova congregazione che cercava di essere riconosciuta non poteva che apparire irrealista— forse persino sovversiva—a delle autorità ecclesiastiche che tenevano i piedi per terra. Di fatto, sfuggì alla comprensione di molti che stavano per entrare a far parte della Società di Maria.

Nel 1822, la diocesi di Belley, che corrispondeva al dipartimento dell'Ain, veniva ristabilita. Ciò significava che i futuri Maristi si ritrovavano ormai in due diocesi diverse, di fronte a due amministrazioni diocesane. Il Nunzio inviò il dossier marista al nuovo vescovo di Belley.

Alexandre-Raymond Devie, nato nel 1767 a Montélimar (Drôme), era uomo straordinario e un grande vescovo, che avrebbe potuto onorare sedi episcopali più eminenti, ma che scelse di restare a Belley per tutta la vita. Fin dall'inizio, si consacrò al benessere spirituale della sua gente, all'organizzazione della nuova diocesi e alla formazione del clero. Viaggiò instancabilmente in tutto il dipartimento dell'Ain con una carrozza che aveva allestito in modo da poter continuare a leggere e scrivere durante gli spostamenti. Si rese conto che i preti e i religiosi maristi potevano avere un ruolo importante nei progetti che coltivava per la sua diocesi, ma non aveva alcuna intenzione di favorire la loro intenzione di essere approvati dal papa come congregazione al servizio della Chiesa universale.

Nel 1824, Mons. Devie mise l'abito religioso a Jeanne-Marie Chavoin e alle giovani che vivevano con lei in comunità a Cerdon. Permise anche a uno degli aspiranti maristi rimasti, Ètienne Déclas, di unirsi a Pierre e a Jean-Claude Colin a Cerdon, per iniziare a predicare missioni nelle parrocchie vicine. In quel periodo, vicino a Saint-Chamond (Loire), Marcellino Champagnat e i suoi Fratelli avevano costruito un grande edificio chiamato l'Hermitage, che servisse da casa-madre e centro di formazione dei Piccoli Fratelli di Maria il cui numero cresceva rapidamente, e aveva aperto scuole in numerose parrocchie. La Società di Maria a più rami passava dal sogno alla realtà.

Capitolo 3
Predicatore di missioni nel Bugey

Nel 1825 Mons. Devie portò a Belley le due comunità di suore e di preti. Nel 1832, sei anni dopo l'arrivo dei Maristi, la città episcopale contava 4.286 abitanti. L'erba cresceva nelle sue strade. Sebbene Belley fosse più o meno alla stessa distanza sia da Cerdon che da Lione, i fratelli Colin non vi erano mai andati prima di ritrovarsi in questa nuova diocesi. Più tardi, Colin si meravigliava che un piccolo, remoto angolo fosse stato la culla di una Società che si era sviluppata fino ai confini del mondo. Si poteva paragonare solo a Nazareth, improbabile luogo dove iniziò la Chiesa con la Sacra Famiglia.

Il progetto pastorale di Mons. Devie per la sua diocesi prevedeva un programma sistematico di missioni parrocchiali per rinforzare, là dove era necessario, la fede e la pratica cattolica dopo la tormenta rivoluzionaria e ciò che ne era seguito: lo smantellamento della Chiesa, la diffusione dell'indifferenza e l'allontanamento dalla religione. In questo contesto, i preti maristi, che non desideravano altro che predicare, fare catechesi e confessare, potevano formare un gruppo di missionari diocesani. Nel 1825, papa Leone XII aveva proclamato un anno giubilare, esteso al 1826—il primo dopo il 1775. Nella sua enciclica *Charitate Christi*, aveva espresso il suo desiderio che fosse una celebrazione della misericordia di Dio e che conducesse il numero maggiore possibile delle persone al sacramento della riconciliazione per ottenere il perdono e l'assoluzione dei peccati.

Era musica agli orecchi di Mons. Devie, determinato ad usare il giubileo per contrastare il rigorismo del clero francese nell'insegnamento morale e nell'amministrazione del sacramento della penitenza. Già come vicario generale della diocesi di Valence (Drôme) aveva introdotto la teologia morale e la pratica in confessionale di Alfonso de' Liguori, caratterizzate dal realismo pastorale e da una via mediana prudente tra il rigore eccessivo e il lassismo. La sua beatificazione nel 1816 aveva dato al suo insegnamento il timbro dell'approvazione papale e lo aveva promosso al di fuori della sua nativa Italia. Mons. Devie diede seguito all'enciclica del 1825 con una sua lettera circolare a tutti i preti della diocesi, datata 26 settembre 1826. Il giubileo doveva essere il momento per raddoppiare lo zelo e gli sforzi al fine di raggiungere coloro che si erano allontanati dalla Chiesa per lassismo o indifferenza, piuttosto che per "empietà". Si sarebbe celebrato nella diocesi per sei mesi, a partire dal novembre 1826, e avrebbe permesso ai fedeli di assolvere le condizioni per ricevere l'indulgenza plenaria attraverso la confessione, la comunione, la visita delle chiese designate e le preghiere prescritte e anche di ottenere la piena remissione dei debiti della 'pena temporale' (opposta a quella eterna) ancora dovuta per i peccati perdonati. Là dove possibile, sarebbero passati i gruppi di predicatori di missione; dove non possibile, il clero locale avrebbe organizzato un 'ritiro' di diverse settimane.

Il vescovo presentò anche i temi che dovevano essere trattati durante la missione o nelle prediche del ritiro: il Credo degli Apostoli, i comandamenti di Dio e della Chiesa, i sacramenti e la preghiera. Lui stesso avrebbe cercato di partecipare per amministrare la confermazione e prendere parte agli esercizi. Per ciò che concerne la confessione, rinviava i suoi preti all'enciclica *Charitate Christi*, specialmente alla direttiva del papa che chiedeva ai preti di mostrare "molta bontà e carità" verso i peccatori. Oltre alla lettura dell'enciclica, i preti avrebbero dovuto studiare anche l'opera di Alfonso de Liguori *Praxis confessorum*, alcune copie della quale sarebbero state messe a disposizione nel seminario di Brou e nell'ufficio diocesano di Belley.

Come vicario di Cerdon, Jean-Claude Colin aveva avuto l'occasione di sentirsi a disagio con il rigoroso codice morale che aveva appreso a Sant'Ireneo, ma gli mancava la fiducia per metterlo in discussione. Con la guida del vescovo e di Sant'Alfonso cominciò progressivamente ad abbracciare totalmente la dottrina e la pratica liguoriana per se stesso e per la Società di Maria.

Il gruppo di predicatori maristi di missioni aumentò lentamente con preti già ordinati che erano attratti dal loro ministero e dalla spiritualità marista. Il territorio missionario che il vescovo aveva loro assegnato era il Bugey, regione montagnosa che si estendeva tra Cerdon e Belley. La maggioranza dei luoghi che visitarono erano piccoli villaggi rurali, spesso isolati, con alcune centinaia di abitanti. Faceva eccezione Tenay. Era una piccola cittadina industriale specializzata nella tessitura, la cui popolazione (1.130 abitanti nel 1832) comprendeva operai dell'industria e proprietari di mulini, di classe media. Predicarono ritiri anche nei seminari di Belley e di Meximieux.

Lacoux - Panorama sotto la neve

Le missioni non potevano aver luogo che d'inverno, quando gli agricoltori erano più liberi per recarsi in chiesa. Il territorio poteva essere impervio e il clima severo. Le condizioni di vita erano abitualmente delle più semplici, e i missionari dovevano frequentemente vivere in ristrettezze. Ciò che trovavano poteva variare enormemente da una parrocchia all'altra; si andava da chiese e presbiteri ben tenuti ad altri sporchi e trascurati; da comunità che vivevano la fede con pastori devoti a comunità indifferenti e ostili, dove il prete (se c'era) era spesso una parte importante del problema.

I Maristi affrontarono queste diverse situazioni con semplicità e abnegazione. Evitavano di causare spese inutili, accettavano con gioia ciò che veniva loro offerto come alloggio o vitto, si accontentavano del mobilio o del materiale che trovavano in chiesa (non era necessario un confessionale o un pulpito, si potevano improvvisare;

erano sufficienti due candele al posto di sei; i candelieri non erano indispensabili…). Soprattutto evitavano di offendere o di mettere in imbarazzo il parroco, di occupare il suo posto a tavola o in chiesa.

Le missioni seguivano uno schema standard, che poteva essere adattato o sviluppato. Cominciavano con i bambini, una pratica raccomandata da Jean-Marie Vianney. Si faceva il catechismo, si parlava loro della missione e si chiedeva di pregare per i loro genitori. Quelli che avevano l'età per ricevere la santa comunione si confessavano. Seguivano i più grandi. L'istruzione catechetica proseguiva durante tutta la missione, per cui la chiesa era sempre piena di adulti e, naturalmente, di bambini.

Siamo ben informati sulla struttura della missione, sui temi delle conferenze, sulle diverse cerimonie che venivano celebrate. Il progetto rivela una strategia per convincere e convertire, che sembra abbia avuto successo. La parola era illustrata e rinforzata da paraliturgie che potevano essere drammatizzate. La preghiera era alla base della missione, perché i missionari pregavano ogni giorno e facevano pregare gli altri per la conversione dei peccatori. Al loro arrivo in una parrocchia, sempre senza rumore e discretamente, si inginocchiavano e pregavano per le anime del purgatorio, poi si alzavano e recitavano il *Memorare*, affidando la missione alla Madonna. Ogni conferenza iniziava con tre 'Ave Maria'. La conferenza di apertura era un invito a partecipare alla missione, ed era seguita da un sermone sulla misericordia di Dio. Abbiamo ancora le parole che Colin indirizzava in questa occasione. Descriveva i missionari come 'gli strumenti della misericordia divina per voi', e anche 'gli strumenti più indegni'. Insisteva sul fatto che essi erano semplici uomini, soggetti alle stesse debolezze dei loro uditori, e che perciò sapevano 'fino a dove può arrivare la fragilità umana'. Per questo le persone non dovevano aver paura né temere di rivelare i propri peccati in confessione.

Gli argomenti della prima settimana – cominciando dal Credo degli Apostoli – avevano come scopo di ottenere la fiducia degli uditori, benché dal quarto giorno i predicatori cominciavano a scuoterli un po'. Seguiva la spiegazione dei Dieci Comandamenti. Anche qui stavano attenti a non scoraggiare gli uditori. I predicatori evitavano di entrare subito nei dettagli degli obblighi dei comandamenti, ma incoraggiavano le persone a venire a confessarsi per manifestare la loro buona volontà e un inizio di conversione. Sembra sia stata una pratica regolare quella di non dare l'assoluzione in questa prima confessione,

Pulpito della chiesa di Premillieu

ma di formare i penitenti e di invitarli a tornare nel corso della missione per continuare la loro confessione. Dopo che la maggioranza delle persone si fosse accostata al sacramento della penitenza questa prima volta, i missionari cominciavano a parlare in modo più preciso delle esigenze dei comandamenti e ad affrontare argomenti quali la malizia del peccato e la punizione che esso meritava. A questo momento della missione, veniva celebrata una Messa da *Requiem* per i defunti della parrocchia, con omelia sulla morte e sul purgatorio; ci si recava poi al cimitero portando il drappo mortuario che serviva a coprire le bare; ai piedi della croce del cimitero veniva pronunciata un'ultima predica sulla morte.

A metà missione veniva fatto un sermone sulla fiducia da avere verso la Vergine Maria, seguito da una processione con la statua della Madonna, con litanie e canti in suo onore. Il giorno dopo aveva luogo una cerimonia particolarmente toccante e commovente. Tutti i bambini venivano alla messa, insieme con i loro genitori. Il predicatore chiedeva loro se volevano scegliere la Vergine Maria come loro madre e protettrice. Tutti, naturalmente, rispondevano 'sì'. Il predicatore

Interno dell'antica chiesa di Innimont

continuava parlando ai bambini del desiderio di Maria che fossero buoni ed obbedienti. Perciò bisognava chiedere perdono ai genitori per tutte le volte che erano stati disobbedienti. Chiedeva poi ai genitori di ritirare tutte le maledizioni pronunciate contro i loro figli. A questo momento, molti si mettevano a piangere. Infine, genitori e clero stendevano le mani sui bambini e li consacravano alla Vergine.

Altri argomenti di istruzione: i sacramenti, specialmente il battesimo, la penitenza e l'eucaristia. A questo momento, la maggior parte dei parrocchiani avrebbero dovuto essere tornati al confessionale per continuare la loro confessione alla luce della migliore comprensione del peccato dell'uomo e della grazia divina, e aver ricevuto l'assoluzione. Una cerimonia impressionante dava un impulso supplementare alla conversione, con un'esposizione del SS. Sacramento su un altare appositamente costruito al centro della chiesa. Veniva poi fatto un sermone sul peccato mortale. Infine, tutti i preti presenti si toglievano la loro cotta, si prostravano davanti al Santissimo e imploravano il perdono di Dio.

La successiva grande occasione era incentrata sul battesimo e sulle promesse fatte dai padrini e dalle madrine a nome di ciascun bambino battezzato poco dopo la nascita, e sugli obblighi che ne procedevano. Veniva chiesto loro di dare il proprio assenso a ciascuno degli articoli del Credo dicendo 'Io credo' e alzando la candela accesa che tenevano in mano. Seguiva la promessa di osservare tutti i comandamenti. Ormai la parrocchia poteva ritenersi pronta a fare una Comunione generale che sarebbe stata annunciata. L'ultimo atto della missione era, come da consuetudine, la benedizione della croce commemorativa, come ancora oggi si può vedere in molti luoghi della Francia. A motivo dei costi che questo comportava, la prassi dei Maristi non era però la posa di una croce; si faceva solo se la parrocchia lo richiedeva spontaneamente.

Impressionanti, dunque, tali cerimonie. Ma al centro della missione c'erano le lunghe ore trascorse sul pulpito o al confessionale per istruire e per toccare il cuore delle persone e incoraggiarle a convertirsi e a fare penitenza. Non dimentichiamo neppure le numerose ore trascorse ogni giorno in preghiera, a recitare il breviario e a fare la meditazione personale. Al cuore di tutto: la misericordia. Alcuni anni più tardi, riflettendo sul ministero della predicazione, Colin ricordava: 'Dobbiamo essere buoni. Dopo tutto, qual è la differenza tra loro e noi? Sono nostri fratelli. La differenza tra loro e noi è che noi siamo coloro che parlano e loro povera gente che non può rispondere.'

Queste missioni mariste ed altre simili campagne di predicazione venivano svolte in un contesto nuovo. Dopo la sconfitta dell'Imperatore Napoleone, la vecchia monarchia era stata restaurata nella persona del fratello del defunto re, Luigi XVIII. Nella Chiesa, e più in generale nella società, alcuni vedevano in questo fatto un'opportunità per ripristinare, per quanto possibile, l'*ancien régime*. Era risaputo che alcune missioni di rinnovamento includevano trionfali dimostrazioni del ritorno della Chiesa al potere, a braccetto con lo Stato ('alleanza di trono e altare'). Colin e i suoi compagni erano personalmente contenti del ritorno dei Borboni, ma saggiamente evitavano ogni tipo di manifestazioni o di propaganda. Colin espresse questa politica, che proseguì anche negli anni successivi, con dichiarazioni di questo tipo: 'Ricordatevi, Signori, non dobbiamo cambiare il governo, ma salvare le anime'. La Società non doveva identificarsi con nessuna opinione politica. 'Scegliendo un certo colore, scartiamo necessariamente quelli che hanno colore diverso, e noi dobbiamo salvare tutti'.

Nei mesi estivi e tra una missione e l'altra, il piccolo gruppo di missionari maristi viveva nel seminario minore di Belley e lavorava sui sermoni e sulle istruzioni. Le loro condizioni di vita non erano ideali. Erano ospitati in soffitta, in camere improvvisate e comunicanti. In estate soffrivano il caldo, in inverno il freddo. Consumavano i pasti con i professori del seminario, alcuni dei quali prendevano apertamente in giro i Maristi definendoli 'Tomo due della Compagnia di Gesù rilegato in pelle d'asino'; gli studenti seguivano il loro esempio. Tuttavia guadagnarono il rispetto del superiore, Monsieur Pichat, il quale espresse anche il desiderio di unirsi a loro. Ricevettero anche l'aiuto e il sostegno materiale delle Suore Mariste che abitavano vicino, a Bon Repos. Jean-Claude Colin partecipò a tutte le missioni dal 1826 al 1829. Nel 1826 Mons. Devie lo nominò superiore dei missionari maristi della diocesi.

A metà del 1826 la nascente Società di Maria entrò in una profonda crisi. Noi abbiamo seguito il cammino di Jean-Claude Colin e dei suoi compagni a Belley. Nella diocesi di Lione Jean-Claude Courveille era impegnato a fondare comunità di fratelli e suore insegnanti, le cui relazioni con quelli di Marcellino Champagnat e quelle di Jean-Marie Chavoin non erano chiare. Inoltre si considerava come il superiore generale dell'intera Società di Maria, rivendicazione accettata da alcuni, tra cui Marcellino Champagnat, ma non da tutti. Le relazioni tra i due Jean-Claude non sono mai state, sembra, molto calorose, e i due Colin avevano agito in certe occasioni indipendentemente da Courveille, pur riconoscendo la sua leadership *de facto*.

Nel maggio 1826, all'Hermitage, Courveille commise un atto sessuale non specificato con un fratello postulante, quasi sicuramente minorenne, e poi partì per fare un 'ritiro' presso l'abbazia trappista di Aiguebelle (Drôme). Il fatto fu riferito a Étienne Terraillon, uno dei firmatari rimasti della promessa del 1816, anche lui residente all'Hermitage. Questi informò le autorità diocesane. Nel frattempo, Champagnat aveva ricevuto una lettera da Courveille, da Aiguebelle, che parlava a lungo della sua indegnità di essere marista in termini che potevano essere compresi come una dimissione dal gruppo. Terraillon consigliò Champagnat, e anche Colin, appena arrivato all'Hermitage in modo inatteso, di accettare le dimissioni di Courveille con effetto immediato. Poiché essi esitavano, essendo ancora all'oscuro di quanto era successo, Terraillon dovette dire loro abbastanza di ciò che sapeva per indurli a seguire il suo consiglio. A partire da quel momento, Courveille fu escluso dalla nascente Società e gli fu impedito di rientrarvi quando, alcuni anni dopo, chiese di farlo.

Questo fatto lasciava la piccola Società di Maria con un dubbio inquietante: Come poteva il messaggio originale essere realmente di Maria se colui che lo aveva ricevuto, e che era stato il fondatore e il capo del gruppo, si era mostrato così indegno? I Maristi continuarono a credere che Maria aveva certamente 'parlato', ma nello stesso tempo fecero tutto il possibile per cancellare Courveille dalla loro memoria collettiva. Si trovarono tuttavia senza un leader riconosciuto da tutti e lo restarono per diversi anni.

Nel marzo 1829 Jean-Claude Colin diresse la sua ultima missione a Ruffieu, nel Valromey. A fine mese partecipò anche il vescovo e conferì la Confermazione a 600 ragazzi, molti dei quali provenienti dalle parrocchie vicine. La chiesa era piccola. Un altro missionario, appollaiato nella tribuna, ripeteva il sermone di Colin attraverso una finestra alla folla che si trovava all'esterno. Il vescovo portò la notizia della morte del superiore del seminario minore, M. Pichat. Chiese a Colin di tornare immediatamente a Belley per aiutare suo fratello Pierre a preparare gli allievi alla Pasqua. In realtà, aveva deciso di porre fine alla vita itinerante di Jean-Claude. La sera di Pasqua, 9 aprile, Mons. Devie lo chiamò e gli comunicò che l'indomani avrebbe assunto la direzione del seminario. Questa nomina, del tutto inattesa, sorprese profondamente Colin. Chiese tre giorni per fare un ritiro e pregare perché il vescovo cambiasse idea. Ma Mons. Devie gli intimò di assumere l'incarico immediatamente.

Per molte persone che riflettono sul proprio passato c'è sempre un periodo della propria vita che viene considerato come 'un'epoca eroica', un tempo in cui hanno lottato con le difficoltà ma ritenuto comunque 'il migliore'. Per Jean-Claude Colin il periodo della vita a cui spesso si riferiva e che considerava come 'il tempo migliore', nonostante tutte le difficoltà, erano quegli anni, dal gennaio 1825 al marzo 1829, durante i quali aveva predicato le missioni sulle montagne del Bugey.

Capitolo 4
Direttore di scuola

Il complesso di cui Colin prendeva la direzione era stato fondato nel 1751 come collegio tenuto da religiosi. Era stato riaperto nel 1803 dopo la Rivoluzione, sotto la direzione dei 'Padri della Fede' (ex Gesuiti e loro emuli più recenti). A quell'epoca vi studiò lo scrittore, poeta e uomo di stato Alphonse de Lamartine, che dette il suo nome alla scuola. Nel 1808 passò sotto il controllo del comune, ma iniziò a declinare. Nel 1823 era sul punto di chiudere quando Mons. Devie ottenne l'autorizzazione di metterlo sotto il controllo della diocesi come seminario minore. Continuò tuttavia a mantenere un carattere misto accogliendo, oltre ai seminaristi, ragazzi che non erano affatto destinati al sacerdozio.

Belley—Vecchia foto della facciata dell'edificio

La nomina di Colin avvenne in un momento delicato nelle relazioni tra Chiesa e Stato in Francia. All'inizio del 1828 il governo conservatore aveva sentito l'esigenza di fare alcune concessioni alla corrente liberale e decise di farle nel campo dell'educazione, dove c'era una forte opposizione al controllo della Chiesa. Alcune delle decisioni interessavano lo stabile di Belley. Il 16 giugno, dopo lunga riflessione, il re Carlo X firmò due decreti collocando i seminari minori sotto un controllo più stretto del governo. Il primo decreto pose otto seminari fino allora tenuti dai Gesuiti sotto l''Università', cioè il sistema pubblico di educazione. Chiedeva inoltre a tutti i superiori e insegnanti dei seminari minori che dichiarassero di non appartenere ad alcuna congregazione religiosa non legalmente approvata in Francia. Il secondo fissava il numero dei seminari e dei loro studenti, e le borse di studio per finanziarli. Esigeva anche il riconoscimento governativo della nomina dei superiori. Come gli altri vescovi, anche Mons. Devie aveva protestato contro ciò che consideravano una violazione dei loro diritti. Ma, dopo che il governo ebbe dato delle spiegazioni rassicuranti, decise di adeguarsi alle nuove disposizioni. Il 24 aprile 1829 Mons. Devie scrisse al Ministero per gli Affari Ecclesiastici per sollecitare l'accordo per la nomina di Jean-Claude Colin come sostituto del defunto Monsieur Pichat. Il consenso fu dato il 3 maggio. Poiché i Maristi non erano ancora una congregazione, la nomina di Colin soddisfaceva rigorosamente i requisiti del governo. Colin aveva trentotto anni – età matura all'epoca – ed era nel fiore degli anni.

Abbiamo un'idea della scuola di cui Colin era incaricato dalle risposte di Mons. Devie ad un questionario del Ministero degli Affari Ecclesiastici, il 27 febbraio 1828. La scuola contava 200 studenti, di cui venti non pagavano nulla, la maggior parte degli altri tra dieci e venti franchi al mese, e alcuni tra trenta e cinquanta franchi. Non c'erano altre entrate. Oltre alle quote pagate dagli studenti, le uniche risorse erano i 'sacrifici' del vescovo e del clero diocesano. C'erano trenta esterni, perlopiù cantori e ministranti della cattedrale. Le materie insegnate coprivano l'intero curriculum, dalla scuola primaria con l'insegnamento della lettura e della scrittura, alla secondaria superiore con lezioni di francese, greco, latino, retorica, filosofia e matematica. Si insegnava anche il canto, ma non la musica, la danza o la scherma. Alcuni studenti avevano raggiunto il baccalaureato universitario. Nel 1827 erano stati ammessi al seminario maggiore di Brou quarantatré diplomati. Gli studenti portavano di solito abiti ordinari; erano in uniforme la domenica e i giorni festivi: soprabito di colore scuro per i più giovani, tonaca per i più anziani che si preparavano alla teologia. Il giovane corpo insegnante era composto da dodici membri: alcuni preti diocesani e alcuni chierici destinati al ministero sacerdotale in diocesi.

Il fatto che il collegio era anche seminario minore significava che il clero della cattedrale si sentiva libero di esigere la partecipazione degli studenti alle celebrazioni liturgiche in determinati giorni festivi e di invitare di tanto in tanto i preti del collegio. Colin riuscì a limitare la presenza degli studenti all'annuale processione del Corpus Domini. Pose fine anche al "prestito" di professori alla cattedrale nei giorni di scuola. 'Quando mi darete professori per insegnare vi darò canonici per celebrare' fece loro sapere. I dignitari della cattedrale si lamentarono con il vescovo, ma costui sostenne il suo direttore.

Jean-Claude accettò la nomina a condizione che il collegio fosse affidato ai Maristi. In ogni caso aveva capito che la sua nomina al collegio e quella di suo fratello come direttore spirituale significavano molto più che tappare buchi o svolgere un compito a nome del vescovo. Già nella lettera indirizzata a papa Pio VII i Maristi avevano dichiarato che uno degli scopi della Società di Maria era di 'formare i giovani al sapere e alle virtù con tutti i mezzi'. Era giunta l'ora sia per i sacerdoti che per i fratelli di trasformare le loro aspirazioni in realtà. Man mano che il loro numero aumentava, i Maristi furono nominati al collegio di Belley.

Negli anni precedenti Colin aveva avuto l'occasione di osservare la scuola da vicino ed aveva capito che esistevano tensioni sia tra gli studenti che tra il personale. Doveva imporre rapidamente la sua autorità nella casa. Il corpo degli studenti era composto almeno da tre gruppi alquanto distinti. La maggior parte erano seminaristi che avevano iniziato i loro studi a Belley e che li stavano continuando. Un secondo gruppo era formato da studenti di filosofia che erano stati formati nell'altro seminario minore, quello di Meximieu. Benché si stessero preparando ad esercitare il ministero nella stessa diocesi, manifestavano una 'marcata riluttanza' a dover trascorrere un anno o due con i loro compagni di Belley e non formavano con loro una comunità omogenea. E poi c'erano gli studenti laici, superstiti del vecchio collegio municipale, che avevano mantenuto il loro spirito di 'collegiali' e che trasmettevano ai seminaristi. Colin ricordava che, sebbene il comportamento degli studenti nel resto dell'anno dopo il suo insediamento fosse 'abbastanza buono', ne aveva espulsi sei o sette; agli altri aveva chiesto di decidersi su ciò che volevano fare. Quando iniziò il nuovo anno scolastico, nella Festa di Tutti i Santi del 1829, circa una quarantina non tornarono. Le iscrizioni, però, erano numerose. La 'pietà e il comportamento' furono notevoli in quell'anno.

I suoi colleghi, racconterà più tardi, gli crearono più problemi degli allievi. In effetti, una delle più grandi prove capitate alla Società è stata quella di vivere con 'colleghi che pensavano che noi fossimo pazzi, che non entravano nel nostro modo di pensare, che agivano contro di noi'. Il primo mese 'ogni professore' venne a trovarlo per dargli dei consigli: 'Dovete fare questo, dovete cambiare quello'. Finalmente, durante una riunione del consiglio, fece conoscere il suo pensiero: non aveva alcuna intenzione di allontanarsi dal modo di fare del suo predecessore e non voleva più sentir parlare di cambiamenti. A fine anno disse ad uno dei professori di non tornare più. E durante le vacanze estive operò un certo numero di cambiamenti nel personale.

Quando, nel giorno di Tutti i Santi del 1829, il gruppo insegnanti si riunì dopo le vacanze estive, il nuovo direttore presentò loro un breve Trattato sull'educazione, di quindici pagine, che aveva composto combinando alcuni principi generali e commenti adattati alla situazione del collegio. Così facendo, Colin mostrava una notevole sicurezza di sé. Aveva assunto le funzioni di direttore senza alcuna esperienza di insegnamento: un fatto ben noto ai membri più anziani del personale che erano pronti a ricordarglielo. Oltre alle sue osservazioni e alle idee sul buon comportamento, Colin aveva consultato e letto con molta attenzione coloro che erano considerati i migliori autori. Durante l'estate aveva trascorso parte del suo tempo a leggere un'opera molto conosciuta sull'educazione, degli inizi del XVIII° secolo, il *Traité des études* di Charles Rollin, pubblicato a Parigi tra il 1726 e il 1731 e considerato in Francia, nel corso del XVIII° secolo fino al XIX°, una vera autorità in materia di insegnamento. In realtà questa opera non è un trattato sull'educazione come lo intendiamo noi oggi. Nel complesso, è piuttosto un manuale per un insegnante di discipline umanistiche e retoriche che si occupa del curriculum classico e del modo migliore per insegnarlo. Rollin iniziava e terminava il suo libro con commenti pedagogici a cui Colin si era molto ispirato.

Questo breve trattato di Colin è l'unica opera effettiva da lui composta che non sia una regola religiosa. Mostra la sua capacità di assimilazione e di sintesi. Non era un riformatore nel campo educativo. Nel contenuto della sua opera non dobbiamo cercare l'originalità. Quello che vi è scritto potremmo trovarlo anche altrove, presso autori antichi o anche tra i contemporanei, di cui alcuni erano veri innovatori, ma che lui non intendeva in nessun modo imitare. Ma la sua personale sintesi e l'integrazione delle sue fonti rivelano alcuni tratti originali e indicano la sua acuta percezione del mondo dell'insegnamento.

Troviamo subito un esempio della sua perspicacia nel titolo che egli dà al suo lavoro: *'Avis à messieurs les professeurs, préfets, directeurs et supérieur du petit séminaire de Belley'.* Non si rivolge soltanto al personale – professori, prefetti, direttori – ma anche al superiore (cioè se stesso), esprimendo così fin dall'inizio la sua solidarietà con loro. Coerentemente, il pronome usato più frequentemente nel corso dell'opera è 'noi'. Non scrive mai 'voi'. Non dice al personale quello che deve fare: noi siamo insieme in questa impresa. Uno sguardo d'insieme al documento mostra che le istruzioni di Colin riguardano essenzialmente le relazioni tra le persone e i gruppi di persone. Nella sua Introduzione dichiara che educare una persona è già un 'compito sublime', e educarla in maniera cristiana è un 'lavoro celeste'. Il compito principale degli educatori è fare dei loro studenti 'dei cristiani, degli uomini onesti e educati, e poi dei sapienti'.

All'educatore sono richieste cinque qualità: l'autorità, la conoscenza degli alunni, una buona istruzione, l'esempio e la vigilanza. L'autorità deve essere guadagnata con il rispetto piuttosto che ispirata dalla paura. La disciplina, specialmente le ricompense e le punizioni, devono tener conto della mentalità del ragazzo, compreso il suo senso di correttezza. Nella gamma delle punizioni disponibili non è menzionata la punizione corporale, cosa che contrasta con le frustate abituali nelle scuole inglesi dell'epoca. I membri dello staff devono formare una comunità che vive insieme e condivide preghiera e pasti.

Quanto detto sopra mostra chiaramente che le istruzioni di Colin non erano state scritte in modo specifico per la formazione di candidati al sacerdozio, e che potevano essere adatte per tutte le scuole. Del suo pensiero sull'educazione possiamo distinguere tre aspetti particolari: una sana allegria, non troppe osservanze religiose e un'attenzione a ciascun individuo. Una scuola diretta nello spirito delle istruzioni di Colin doveva essere uno spazio sicuro ed accogliente in cui ragazzi e giovani potevano crescere e imparare i valori religiosi, morali e umani mentre seguivano i loro programmi di studio.

Capitolo 5
'Centro di unità'

Dopo che Courveille si era eclissato nel 1826, gli aspiranti maristi—suore, fratelli e sacerdoti—vivevano e lavoravano nelle due diocesi di Belley e Lione senza nessun leader comune, riconosciuto almeno da loro. Il risultato più ragionevole avrebbe dovuto essere la scissione dei Maristi in due gruppi legati alle loro rispettive diocesi. Questo processo era già in fase di realizzazione sotto la pressione della realtà e delle autorità diocesane che volevano i Maristi, ma come loro esclusivi strumenti. Ma i Maristi volevano restare uniti. Così, nell'autunno del 1830 – erano già quattro anni che Courveille se n'era andato—i sacerdoti dei due gruppi diocesani si riunirono a Belley ed elessero Jean-Claude Colin come 'centro di unità' o, come anche fu chiamato, 'superiore centrale'. Non era il riconoscimento o l'ufficializzazione di una qualche posizione che Colin aveva già. Poiché tutti i sacerdoti maristi della diocesi di Belley vivevano insieme al collegio-seminario, egli era di fatto il superiore di tutti loro. Ma lo era per nomina del vescovo. Se ci fossero state altre comunità di preti maristi nella diocesi, non sarebbe stato necessariamente il loro superiore. Quanto a Lione, non aveva naturalmente alcuna autorità sui preti e i fratelli dell'Hermitage, che erano sotto quella di Marcellino Champagnat.

Perché dunque è stato scelto Colin? Aveva dimostrato il suo attaccamento alla Società di Maria, aveva redatto una bozza di regola e aveva giurato due volte di andare a Roma con suo fratello Pierre e Courveille, era il consegnatario di una lettera di papa Pio VII, aveva presentato la regola al Nunzio di Parigi. Di fatto, la scelta era limitata. Dei firmatari della promessa del 1816 non ne restavano che quattro; solo due potevano essere presi seriamente in considerazione, Colin e Champagnat. Marcellino era occupato a tempo pieno con i fratelli; Colin era il solo candidato rimasto. Dire questo non significa svalutare Jean-Claude Colin, ma dare rilievo e prospettiva a ciò che aveva realizzato. La grandezza di Colin è stata quella di non arrendersi e di prendere la responsabilità del futuro di un'opera che non aveva iniziato—pur credendo e insistendo che non era altro che un superiore provvisorio, che occupava quel posto fino a che qualcun altro più qualificato di lui sarebbe subentrato.

A questo punto della sua vita, facciamo una pausa e chiediamoci: Com'era Colin? Prima di tutto, il suo aspetto. Jean-Claude Colin era basso (1,64 metri o 5 piedi 4 pollici di altezza) e piuttosto robusto. Aveva un viso di forma ovale e una fronte ampia e alta. I suoi capelli, che gli cadevano intorno alle orecchie, dovevano essere originariamente castani, a giudicare dalle sue sopracciglia, ma diventarono prematuramente bianchi. La sua carnagione era chiara e i suoi occhi grigio-blu. Aveva un naso aquilino e un mento deciso.

Quest'ultima caratteristica esprimeva un carattere forte, che era in qualche maniera smentito da un modo di comportarsi che poteva facilmente farlo sembrare come 'uno di quei buoni piccoli preti di campagna, molto semplici, molto buoni, che non sapevano dove mettersi per occupare meno spazio' (come disse un osservatore). Inoltre, era incurante del suo aspetto. Seguiva la moda della sua giovinezza radendosi bene piuttosto che farsi crescere la barba come facevano molti chierici nel XIX° secolo. Spesso, però, il suo volto mostrava una barba lunga di qualche giorno e la sua tonaca aveva macchie di tabacco da fiuto. Un piccolo difetto di pronuncia, poi ampiamente superato, gli aveva lasciato una permanente tendenza a pronunciare tutte le consonanti sibilanti come 'sc'. Tuttavia coloro che lo hanno incontrato riconoscevano la sua capacità intellettuale e il suo ascendente personale che facevano di lui un vero leader di uomini.

D'altra parte, l'impressione di timidezza e di diffidenza corrispondeva al comportamento che aveva avuto nella sua infanzia e nella sua adolescenza. Coloro che lo avevano conosciuto allora sarebbero stati molto sorpresi nell'incontrare più tardi l'uomo che, si diceva, 'faceva le cose in grande... (e) camminando non a passi normali ma a falcate da gigante, tendeva—garantito—a schizzare fango sulla persona che gli stava accanto.' Ma nello stesso tempo, anche quando fu posto a capo dei Maristi, Colin esitava spesso a prendere decisioni che agli altri sembravano evidenti e aspettava di essere sicuro che fosse la volontà di Dio. Persino i suoi ammiratori furono costretti a chiedersi se non era 'forse un po' troppo impacciato nella gestione dei suoi affari', notando che 'incontrava difficoltà con molte persone che avevano a che fare con lui, sia dentro che fuori (della Società)'. Era tipico in lui: periodi di grande energia erano seguiti da momenti di inazione. Lungo tutta la sua vita ha aspirato alla solitudine e ha fatto ripetuti tentativi per rinunciare al suo incarico.

L'elezione di Colin come 'superiore centrale' dei Maristi avvenne sullo sfondo della Rivoluzione di luglio che rovesciò Carlo X e portò sul trono Luigi Filippo d'Orléans. Agli inizi del nuovo anno scolastico, nel novembre 1830, le continue agitazioni politiche e sociali cominciarono ad avere un forte impatto anche al collegio-seminario di Belley. Guardando indietro, Colin considerava come un suo 'capolavoro' l'aver tenuto la scuola aperta per tutto l'anno 1830-1831. Superò questo periodo di prova come un leader collaudato e riconosciuto.

Julien Favre, successore di Colin come superiore generale, nel 1830–1831 era studente di retorica al collegio di Belley e ricordava come si viveva a quei tempi. Gli studenti avevano cominciato a lamentarsi contro l'autorità con proteste passive e la non-collaborazione. Se uno di loro veniva punito, tutti si mettevano dalla sua parte. Circolava la voce: 'Niente canto ai vespri' e nessuno apriva bocca. Se qualcuno osava rompere l'accordo, veniva picchiato. Per mostrare il loro malcontento sfilavano in silenzio attorno agli edifici scolastici trascinando rumorosamente i piedi sul lastricato. Poi, come nel 1790, i contadini discesero dalla montagna con i fucili—veri o di imitazione—e questo pose gli studenti in vero e proprio fervore rivoluzionario che si diffuse anche tra i professori. In un giorno di vacanza per l'abituale passeggiata ricreativa, gli studenti si tolsero la divisa, impugnarono asce di legno e marciarono come un battaglione cantando la Marsigliese e altri canti rivoluzionari, 'con una sorta di frenesia come se avessero bevuto'. Anche uno dei professori partecipò a questa manifestazione. Arrivarono in un bosco dove cominciarono a urlare e a comportarsi in modo tale che Pierre Colin, che era con loro, temette di essere ucciso.

Non abbiamo molti dettagli sul modo con cui Colin gestì l'insurrezione al collegio. Dovette in gran parte affrontarla da solo. Infatti, durante la maggior parte di quel periodo Mons. Devie, che aveva appena subito un intervento alla cataratta, era bloccato perché si stava riprendendo da un intervento che a quei tempi richiedeva una lunga immobilizzazione del paziente in attesa che la ferita si rimarginasse; c'era pericolo di morte e la guarigione totale era molto lenta. Colin si ritrovò dunque senza il sostegno attivo del vescovo nel momento in cui ne aveva bisogno, e sembra che negli interventi del vicario generale abbia trovato un ostacolo anziché un aiuto. Quanto ai suoi colleghi, a parte qualche eccezione come suo fratello Pierre, sembra che abbia avuto da loro pochissimo sostegno; alcuni erano addirittura in aperta rivolta. Molti mostrarono di aderire alle nuove tendenze iscrivendosi pubblicamente—malgrado la disapprovazione formale del vescovo—all'*Avenir*, un giornale cattolico liberale edito dal conte di Montalembert, che si era battuto per la separazione tra Chiesa e Stato.

Circolò una voce di complotto tra alcuni membri del personale per cacciare Colin approfittando di quel momento in cui era solo e vulnerabile. Alcuni colleghi particolarmente ribelli pensavano che quella fosse l'occasione buona per rovesciare l'autorità mentre altri ritenevano che sacrificando Colin avrebbero potuto calmare gli studenti. In città si aspettavano addirittura, giorno dopo giorno, di venire a conoscenza dell'assassinio di Colin. Lui restava calmo e controllava la situazione. Favre era quasi sicuro che senza Colin il collegio-seminario non sarebbe sopravvissuto alla crisi. La diocesi di Belley gli doveva molto; Mons. Devie certamente lo capì e gliene fu riconoscente. Tuttavia Colin un prezzo lo pagò in termini di salute personale: i suoi capelli divennero bianchi e invecchiò prematuramente. Lui stesso parlava dei danni alla sua salute causati dall'ansia costante e dalla mancanza di sonno.

Dopo essere riuscito a superare la crisi al collegio, Colin si era guadagnato il diritto di esigere ciò che voleva: che fosse un istituto marista. Scrisse ai confratelli dell'Hermitage dicendo loro che pensava di 'dargli un nuovo impulso corrispondente al nostro scopo'. All'inizio del nuovo anno scolastico tutti i professori dovevano essere affiliati alla Società e ci sarebbe stato un nuovo vice-superiore contemporaneamente anche maestro dei novizi. Sarebbero state realizzate nuove strutture: secondo la loro età, gli studenti dovevano essere divisi in tre ripartizioni, ciascuna con il proprio studio, dormitorio e passeggiate; i professori avrebbero avuto il proprio refettorio. L'anno che iniziò nel 1831 vide altri cambiamenti di personale; coloro che si erano iscritti all'*Avenir* non tornarono.

Per i sacerdoti maristi delle due diocesi uno dei mezzi per sviluppare il senso di unità era quello di riunirsi per un ritiro comune. Al termine del ritiro tenutosi nel settembre 1831, tutti i partecipanti—staff del collegio di Belley incluso—firmarono un atto di consacrazione alla Vergine per significare la loro affiliazione alla Società di Maria. Tra i nuovi firmatari c'era P. Pierre Chanel. Prete della diocesi di Belley dal 1827, aveva sentito dentro di sé una vocazione per le missioni estere. Insieme ad altri colleghi come Claude Bret et Denis Maîtrepierre, per un po' aveva pensato di farsi volontario e partire verso l'America, destinazione di numerosi missionari francesi. Si era unito ai Maristi probabilmente perché ci si aspettava che essi avrebbero accettato di lavorare in missione, cosa a cui avevano certamente pensato ma verso la quale non avevano fatto alcun passo fino al momento. Nella stessa epoca in cui si unì ai sacerdoti maristi del collegio di Belley, sua sorella Françoise entrò nel convento delle Suore Mariste di Bon-Repos. Chanel fu nominato prima professore, successivamente direttore spirituale (autunno 1832) e vice-superiore (autunno 1834). Quest'ultimo incarico faceva di lui il responsabile effettivo dell'amministrazione quotidiana del collegio a nome di Colin, che restava superiore ma aveva ormai molte altre preoccupazioni che occupavano il suo tempo e la sua attenzione.

Gradini della cappella de La Capucinière

Ingresso de La Capucinière

Fino ad allora, ai preti maristi di Belley mancava una casa propria. Gli ultimi mesi del 1832 Colin fu molto impegnato nel progetto di rilevare un ex convento di Cappuccini a Belley, giustamente conosciuto con il nome di 'La Capucinière'. La proprietà, nazionalizzata nel 1791, era stata acquistata nel 1826 da Mons. Devie, il quale voleva farne la residenza del gruppo di missionari diocesani che intendeva fondare sul modello dei 'Certosini' di Lione. Fu probabilmente alla fine del 1831 che propose ai Maristi di utilizzare la casa. Nel novembre del 1832 una comunità di tre sacerdoti e diversi fratelli coadiutori (chiamati all'inizio 'Fratelli san Giuseppe') poté prenderne possesso. I Maristi avevano finalmente una casa propria dove potevano vivere la vita religiosa e ricevere candidati in formazione. I sacerdoti che lavoravano al collegio-seminario continuarono a vivere lì. Colin, che non aveva ancora ottenuto dal vescovo l'autorizzazione di trasferirsi a La Capucinière, andava avanti e indietro tra le due 'case che erano come una sola', disse a Champagnat: era ovviamente superiore di entrambe.

Il convento dei Cappuccini formava un rettangolo attorno a un cortile interno. Un lato era occupato da una cappella pubblica, o chiesa, con annessa una cappella più piccola, o coro, dove i religiosi recitavano l'ufficio divino. La chiesa non era stata utilizzata come luogo di culto dalla Rivoluzione. Prima dell'acquisto da parte di Mons. Devie, era servita come teatro e sala da ballo. Inizialmente i Maristi utilizzarono solo l'ala sud del complesso e metà del cortile, mentre un locatario locale occupava il resto. L'anno successivo ebbero l'intera casa tutta per loro.

Fin dagli inizi i Maristi de La Capucinière continuarono a predicare missioni nella diocesi. Dopo il 1834 l'ex convento cappuccino cominciò a servire anche come casa di formazione. A quel tempo, la maggior parte dei candidati per il ramo clericale della Società erano già ordinati; non esisteva ancora un noviziato formale. La formazione offerta a La Capucinière era dunque destinata solo ad un piccolo numero di studenti. Dopo l'approvazione della Società nel 1836, che prevedeva il permesso di pronunciare i voti religiosi, divenne necessario un noviziato canonico anche per coloro che erano già preti prima di entrare.

Colin decise anche di aprire a La Capucinière un piccolo internato che funzionò fino al 1840. Fu la prima casa di educazione di proprietà dei sacerdoti maristi, distinta dal collegio-seminario che essi guidavano ma che apparteneva alla diocesi. Cominciò molto modestamente. Infatti non fu compiuto alcun tentativo per fare scuola sul posto. Gli interni seguivano le lezioni al collegio-seminario. In seguito la casa ammise un piccolo numero di interni di famiglie benestanti locali facendo scuola ai più giovani, mentre i più grandi andavano al collegio.

Sia per la casa di formazione che per l'internato, gli inizi non furono affatto brillanti. L'istituzione o, forse meglio, l'esperienza era molto fragile e a prima vista non ispirava fiducia. I confratelli erano scoraggiati e persino spaventati. 'Cosa succederà se tutti se ne vanno?' chiese un giorno Claude Bret a Jean-Claude Colin, che rispose immediatamente e con vigore: 'Se tutti se ne vanno, canterò il *Te Deum* e ricomincerò di nuovo.'

Un incidente relativo all'internato di Belley illustra molto bene l'idea di Colin sui Maristi chiamati ad essere 'strumenti delle misericordie divine'. Uno dei ragazzi era il figlio del generale Louis Carrier, che viveva a Belley ed era conosciuto per essere un cattolico non praticante. Quando si ammalò, Colin aveva sperato che Jean-Marie Millot, prefetto dell'istituto, potesse riconciliarlo con la Chiesa. Ma il generale non voleva il viatico (comunione data ai morenti) portato pubblicamente come era abitudine; chiese che gli fosse portato privatamente, di notte. Colin pensava che il generale avesse sufficientemente manifestato la sua buona volontà perché gli fosse concesso, ma il vicario generale non era d'accordo. Allora Colin andò dal vescovo, che gli disse di fare come il Signor Carrier aveva richiesto. Prima di morire il 30 ottobre 1838, il generale non solo aveva ricevuto i sacramenti ma aveva pubblicamente benedetto suo figlio e chiesto ai domestici di pregare per lui. Commento di Colin: 'Ha fatto molto di più di quanto gli era stato richiesto.'

In questo periodo l'autorità di Jean-Claude sulla Società era più morale che legale. Tuttavia sapeva che gli erano state conferite un'autorità e una responsabilità, anche se solo in modo provvisorio. Almeno nella sua mente, era più di un semplice negoziatore o intermediario in grado di consigliare e persuadere, ma non di comandare. D'altronde né i limiti della sua autorità né il suo modo di lavorare erano definiti e potevano essere chiarificati solo dall'esperienza e, occasionalmente, dagli errori. Poteva invocare l'obbedienza; ma gli altri si consideravano obbligati ad obbedire? I Maristi avevano già avuto con Courveille la brutta esperienza di un aspirante 'superiore generale' che aveva cercato di esercitare un'autorità che gli altri non gli riconoscevano. Sarebbero stati molto sensibili a qualunque tentativo di Colin di oltrepassare i limiti. Il superiore centrale e i suoi confratelli avrebbero avuto bisogno di larghezza di vedute e di flessibilità. C'era spazio per molte incomprensioni. E ce ne furono.

C'era poi la questione della posizione di Colin nei confronti delle autorità diocesane di Lione. Per loro egli non era che un semplice prete di un'altra diocesi, senza alcun diritto di intervento nella diocesi di Lione, anche se riguardava i Maristi che erano là. In altre parole, non lo riconoscevano affatto come una specie di superiore religioso. La preoccupazione immediata di Colin era di mantenere uniti i sacerdoti delle due diocesi, nello stesso spirito e con stili di vita simili. Di sicuro si sentiva più intimamente legato ai sacerdoti di Belley, con i quali condivideva la vita e il ministero e di cui era il superiore. Era molto meno conosciuto da quelli di Lione, ma per il bene dell'unità esercitava un controllo anche su di loro. Poco tempo dopo l'elezione di Colin come superiore centrale, Marcellino Champagnat fu eletto superiore ("provinciale") dei sacerdoti di Lione, posizione ratificata dalle autorità diocesane di Lione. La relazione tra le due sarebbe stata cruciale. Fortunatamente si conoscevano bene, avevano molto rispetto l'uno per l'altro e da molto tempo avevano l'abitudine di comunicare.

Ovviamente Champagnat era anche superiore dei Fratelli insegnanti. Fino a quel momento Colin aveva avuto la tendenza a considerare i fratelli in modo piuttosto marginale rispetto alla Società di Maria; essi erano una questione che riguardava essenzialmente Champagnat. Marcellino, da parte sua, lo aveva sempre tenuto al corrente dei loro affari. Da ora in poi, però, Colin si rese conto che essi facevano parte integrante e piena della Società e che doveva prestare loro maggiore attenzione non solo per interesse fraterno ma anche come loro superiore generale (cosa non facile da definire e soprattutto da coordinare con l'autorità di Champagnat). Aveva poi le Suore Mariste. Fin dagli inizi erano state considerate come un ramo della Società di Maria. Il superiore centrale era anche il loro responsabile, ma esse avevano anche una propria superiora, Madre Saint-Joseph (Jeanne-Marie Chavoin). Tutto questo contribuiva a rendere la situazione decisamente complessa.

In quei tempi Colin lavorava al riconoscimento della Società di Maria come congregazione sopra-diocesana. Da parte sua Mons.

Devie voleva che i Maristi di Belley fossero completamente sotto il suo controllo. Per anni il vescovo fece tutto il possibile per convincere Colin. Ma Jean-Claude oppose una resistenza irremovibile e avvertì che il vescovo stava esercitando su di lui una pressione ingiusta. Un giorno si rese conto di provare una grande antipatia verso di lui e decise di fare un passo eroico per risolvere il problema. Corse per le strade di Belley verso la residenza del vescovo, bussò alla porta, entrò, si inginocchiò davanti a lui, confessò i suoi sentimenti di ostilità e chiese perdono. Il vescovo, colto di sorpresa, lo accolse paternamente e lo abbracciò. Quella fu la fine della 'tentazione' di Colin, ma non ancora del conflitto tra di loro.

Nonostante le loro divergenze, il vescovo non perse l'alta stima che nutriva verso Colin. Al contrario, proprio perché lo stimava così tanto era deciso a trattenerlo nella sua diocesi. Nel bel mezzo dei loro scontri più violenti, gli affidava tuttavia missioni importanti e riservate; gli propose persino il posto di vicario generale. Il vescovo cercò anche a più riprese di nominarlo canonico onorario. Una volta si servì di uno stratagemma. Gli chiese di portare in vescovado il mantello da canonico di Monsieur Pichat, con l'idea di metterlo sulle sue spalle, ma Colin aveva anticipato la mossa e glielo aveva mandato attraverso un'altra persona. In Colin, la preoccupazione di evitare queste nomine deve essere intesa non solo come esempio edificante di rifiuto di onori e dignità, ma anche e soprattutto come un freno nel gioco del vescovo di coinvolgerlo inestricabilmente negli ingranaggi della diocesi. Da parte sua, Colin non ha mai mancato di rispetto né di obbedienza al suo vescovo; sembra che lo considerasse come un padre. È probabile che abbia riconosciuto la grande fortuna di lavorare per un grande capo da cui aveva accettato, a tempo debito, posizioni di responsabilità e di guida. Interagendo con Mons. Devie, Colin ha acquisito sia la difficoltà che l'arte della diplomazia. Tutto questo lo ha preparato alla missione che lo attendeva.

Mentre Mons. Devie era sul letto di morte nel 1852, chiese di vedere Colin. Egli venne da Belley per salutare il suo mentore. Il moribondo benedisse la Società di Maria. Dette anche alcuni consigli e raccomandazioni personali a Colin e gli chiese di non rischiare, nei suoi rapporti con gli altri, di ferire i loro sentimenti non controllando i suoi umori momentanei.

Capitolo 6
Approvazione di Roma e Oceania

Verso la fine del 1830 i pensieri di Colin cominciarono a rivolgersi di nuovo verso Roma, con il desiderio di presentare al papa il progetto di Società di Maria ed esporgli la sua origine soprannaturale. All'inizio dell'anno successivo, il 2 febbraio 1831, avvenne un fatto che avrebbe avuto un effetto determinante sul destino della Società di Maria: l'elezione del nuovo papa, successore di Pio VIII che aveva regnato brevemente dopo la morte di Leone XII nel 1829. Si trattava del cardinal Mauro Cappellari, che prese il nome di Gregorio XVI. Cappellari era un monaco camaldolese, che univa in sé grande pietà personale e semplicità di vita con una politica profondamente conservatrice in materia ecclesiale e temporale. Come cardinale, era stato Prefetto della Sacra Congregazione della Propagazione della Fede ('de Propaganda Fide' o semplicemente 'Propaganda'), oggi 'Evangelizzazione dei Popoli'. Come tale, si era molto interessato a rilanciare lo sforzo missionario della Chiesa, interrotto dai tumulti e dalle confische dei decenni precedenti. Da papa, continuò in questo interesse.

Quando Mons. Devie seppe che Colin desiderava recarsi a Roma, lo scoraggiò. Apparentemente Colin non fece nulla nel 1831 e neppure nel 1832 per far avanzare il progetto. Le cose cambiarono l'anno successivo. Fu deciso di contattare la curia di Roma attraverso l'intermediazione del cardinal Vincenzo Macchi, con il quale Colin aveva trattato quando era nunzio apostolico a Parigi. Nell'aprile 1833 Jean-Claude e altri sei aspiranti maristi, tra cui suo fratello Pierre e Pierre Chanel, firmarono una petizione da presentare al Santo Padre chiedendogli implicitamente di approvare la Società. Altre petizioni presentavano un progetto di Costituzioni e una richiesta di indulgenze per i terziari maristi laici. Colin aveva però bisogno anche di lettere di raccomandazione delle due diocesi dove i Maristi erano presenti. Finì per ottenerle da Mons. Devie, di Belley, e dall'Amministratore di Lione, Mons. Gaston de Pins, che esprimevano la loro stima per i Maristi ma si guardavano bene dal raccomandare la loro approvazione da parte di Roma come congregazione pontificia.

Nell'agosto 1833 Jean-Claude e due confratelli, Pierre Chanel, della diocesi di Belley, e Antoine Bourdin, di Lione, si prepararono a partire per Roma per presentare il progetto marista al Santo Padre. Era la primissima volta che Colin, 53 anni, intraprendeva un viaggio fuori della Francia. Ed era anche il suo primo lungo viaggio dopo i suoi due spostamenti a Parigi dieci anni prima. Per quanto sia stata ampia la sua visione—al punto da abbracciare gran parte del globo - il suo mondo fisico restò estremamente limitato per tutta la sua vita. Semplicemente, non aveva nessun desiderio di viaggiare o di scoprire nuovi orizzonti e, come i suoi antenati contadini, non si è mai allontanato da casa sua, se non per necessità.

La prima sosta fu a Lione, dove i Maristi deposero ai piedi della Vergine di Fourvière il viaggio che avevano programmato e chiesero la sua benedizione e la sua protezione. Poi Marsiglia, dove trovarono un battello pronto ad attraversare il Mediterraneo fino a Civitavecchia, alle porte di Roma. Il nome della nave era di buon augurio: Nostra Signora del Buon Soccorso, ma si trattava di una nave mercantile costiera, senza cabine per i passeggeri. I tre Maristi dormivano sul ponte; Colin e Chanel soffrirono il mal di mare. Alcune tempeste ostacolarono la traversata e il battello imbarcava acqua. Finalmente raggiunsero Civitavecchia, per sentirsi dire che la nave doveva essere messa in quarantena. Ma i Maristi furono autorizzati a partire per Roma. Il 15 settembre, all'alba, arrivarono a Porta San Pancrazio sul Gianicolo e trovarono un alloggio nel centro storico, vicino alla chiesa nazionale San Luigi dei Francesi. Raggiunta finalmente la Città Eterna, Colin ha provato emozioni intense? Non lo ha mai detto.

La Roma che Jean-Claude Colin ha visto nel 1833 era una città molto più piccola di oggi, con una popolazione di appena 150.000 abitanti, racchiusa tra le sue vecchie mura, e non una città moderna neppure secondo i criteri dell'epoca, quasi interamente ecclesiastica, orbitante attorno alla corte pontificia. In quei tempi l'amministrazione della Chiesa non era concentrata in Vaticano come lo è oggi. Il papa viveva abitualmente nel Palazzo del Quirinale dove si trovavano anche gli uffici centrali del governo civile dello Stato pontificio. È là che si tenevano le udienze e anche i conclavi per eleggere un nuovo papa.

Altre riunioni di cardinali potevano tenersi al Quirinale o in Vaticano. Non tutti i dicasteri ecclesiastici della curia romana avevano i propri uffici permanenti come oggi e i loro ufficiali lavoravano spesso al palazzo del cardinale titolare.

I tre Maristi si resero conto che erano arrivati proprio nel momento in cui era tutto chiuso per le grandi vacanze. Colin aveva già previsto di restare fino a Natale. Nell'attesa, i pellegrini maristi contattarono più volte il cardinal Macchi e incontrarono altri prelati che erano rimasti a Roma. Fecero il solito pellegrinaggio turistico. Ogni giorno celebravano la messa in una chiesa diversa. Come tutti i pellegrini di ieri e di oggi, acquistarono coroncine, medagliette e libri di pietà. Come tutti i turisti, erano stanchissimi a fine giornata. Però restava loro ancora una visita da fare, quella più importante, quella che era di fatto l'obiettivo di Colin: vedere il Santo Padre ed 'aprire a lui il suo cuore' sulla Società di Maria e la sua regola. Può darsi che cominciò a capire solo allora come funzionavano veramente le cose a Roma. Era altamente improbabile che avesse la fortuna di avere quel colloquio cuore a cuore con il papa come aveva immaginato. Alle molteplici richieste di udienza indirizzate al camerlengo del papa gli avevano sempre risposto che troppe udienze erano già state prenotate nel breve lasso di tempo che restava al papa prima della sua partenza per Castelgandolfo. Ma infine il cardinal Macchi ottenne un'udienza per il 28 settembre.

Introdotti alla presenza del papa, videro davanti a loro una figura piccola, vestita di bianco, di aspetto ordinario e dai modi benevoli, seduta sul trono. Seguendo il protocollo dell'epoca, si inginocchiarono, baciarono prima la pantofola e poi la mano; dopodiché il papa li fece alzare e restò in piedi con loro fino al termine dell'udienza. C'era un problema di lingua. Chanel provò a dire qualche parola in italiano, poi esitò e smise. Bourdin non fece meglio in latino. Colin pensava che il papa comprendesse almeno il francese e cominciò a parlare in questa lingua, ma con un'occhiata lo fecero smettere. Alla fine il papa parlò in latino mentre i tre Francesi rispondevano nella loro lingua. Gregorio XVI era stato ben

Scalinata verso il Quirinale

informato. Li indirizzò verso gli ufficiali di curia interessati. L'udienza era terminata: non restava che ricevere la benedizione finale del papa. I tre Maristi presentarono le loro coroncine e le medagliette comprate sulla strada verso il palazzo. Fu allora che si verificò un episodio imbarazzante. Inchinatisi e indietreggiando, inciamparono sulle loro tonache e persero la strada. Il papa gridò: 'Girate a destra' e suonò una campanella perché qualcuno guidasse i suoi visitatori verso l'uscita. A quel momento Colin voltò le spalle al papa e si precipitò verso la porta, seguito dagli altri. Erano fuori, euforici di gioia per la loro esperienza. In seguito Colin ha visto il lato divertente della loro imbarazzante uscita. Andarono subito per raccontare a Macchi ciò che era accaduto e, secondo Bourdin, questi rimase 'affascinato'.

Era il momento per Bourdin e Chanel di tornare a Belley poiché l'anno scolastico iniziava a novembre. Colin li accompagnò a Loreto, dove venerarono la Santa Casa portata da Nazareth. Tornò poi a Roma, che cominciava a riprendere vita dopo la festa di San Martino, l'11 novembre. Sistematosi presso il convento dei Francescani adiacente alla basilica dei Santi Apostoli, Colin passò l'inverno ad incontrare cardinali e monsignori che potevano essere coinvolti nell'approvazione della Società di Maria e della sua Regola, e a studiare alla *Biblioteca Casanatense*, una biblioteca pubblica annessa al convento domenicano di Santa Maria sopra Minerva. È qui che si imbatté per la prima volta su un esemplare delle Costituzioni gesuite che avrebbero esercitato un'influenza importante sullo sviluppo delle Costituzioni mariste.

I prelati della curia incontrati da Colin rimasero impressionati della sua sincerità e della sua devozione, ma lo scoraggiarono nel suo progetto che trovavano 'un po' troppo vasto' e persino 'mostruoso'. Il 31 gennaio 1834 la Congregazione dei Vescovi e Regolari si riunì in Vaticano; su una relazione negativa del cardinal Castruccio Castracane votò contro l'approvazione della Società. Tuttavia, come premio di consolazione, raccomandò di accordare le indulgenze richieste. Colin non aveva più motivo di restare ulteriormente a Roma. Arrivò a Belley il 21 febbraio, prima del previsto. Gli studenti festeggiarono il suo ritorno al collegio-seminario con il suono della campana, canti, pasticcini, vino e la vacanza per il resto della giornata. Poco dopo, Mons. Devie autorizzò Colin a vivere a La Capucinière. E la questione marista finì lì.

Nel 1835 le cose cominciarono a muoversi. La Congregazione *Propaganda Fide* aveva deciso di istituire un Vicariato della Polinesia occidentale in aggiunta al Vicariato della Polinesia orientale affidato alla congregazione dei Sacri Cuori di Gesù e di Maria ('Padri Picpus'), fondata da Pierre Coudrin nel 1817. In realtà, sulla carta il nuovo vicariato includeva anche la Melanesia e una parte della Micronesia. La Missione cattolica del Pacifico del Sud era considerata come estremamente urgente poiché i missionari protestanti, in anticipo di diversi decenni, si erano già stabiliti in tutta la regione.

Ritratto di Mons. Pompallier

La questione adesso era: dove trovare un capo missione e dei missionari? La ricerca orientò la Congregazione di *Propaganda* verso Lione e verso Jean-Baptiste-François Pompallier, che aveva fatto parte per alcuni anni del gruppo degli aspiranti maristi—un vantaggio in più perché essi potevano fornire i missionari di cui avevano bisogno. Pompallier e Colin furono contattati. Il 10 febbraio 1836 Colin accettò l'invito di fornire il personale per il nuovo vicariato. In cambio ricevette un Breve papale che riconosceva (soltanto) i sacerdoti della Società di Maria e li autorizzava a pronunciare i voti religiosi e ad eleggere un superiore generale. Tuttavia fu solo il 24 settembre che Colin venne eletto superiore generale e che lui e i suoi compagni emisero i voti di povertà, castità e obbedienza. A quel momento Pompallier era già stato nominato vicario apostolico e consacrato a Roma come vescovo titolare di Maronée. Fu lui a presiedere l'elezione di Colin ma non fece la professione, che sostituì con una dichiarazione di adesione alla Società di Maria. Sul momento, nessuno—neppure Colin—sembra aver pensato che era molto importante che Mons. Pompallier non fosse un professo marista. Lui si considerava marista e anche Colin lo considerava marista, nonostante il diritto canonico. Questo significava tuttavia che il capo della nuova missione nel Pacifico non apparteneva in realtà alla congregazione religiosa a lui affidata.

A Roma Mons. Pompallier era stato avvertito di aspettarsi che i missionari avessero un proprio superiore religioso, ed era stato informato delle rispettive sfere di autorità di ciascuno: la sua come vicario apostolico e quella del superiore religioso. Con sua grande sorpresa, Colin gli delegò i poteri di superiore religioso. Ma la cosa più importante per il futuro era l'idea di autorità del superiore religioso che si era fatta Pompallier: secondo lui, si limitava ad assicurarsi che i religiosi osservassero la loro Regola; tutto il resto, compreso il loro benessere spirituale e materiale, ricadeva sotto l'autorità del vicario apostolico. In un primo momento sembra che Padre Colin sia stato d'accordo su questo; dopo tutto non aveva alcun'altra informazione sui rispettivi poteri di un superiore religioso e di un vicario apostolico se non quelle date da Pompallier; inoltre aveva solo un'esperienza limitata come superiore. È tuttavia importante rendersi conto che la delega data da Colin a Pompallier era soltanto una semplice delega: non c'era l'idea che il vicario apostolico *in quanto tale* fosse il superiore religioso. Colin poteva—e di fatto lo fece—delegare ad altri la sua autorità. Ecco un'ulteriore fonte di conflitto tra di loro per il futuro.

Capitolo 7
Superiore Generale

Quando Jean-Claude Colin si sedette nel suo ufficio de La Capucinière, a Belley, per la prima volta dopo la sua elezione come superiore generale, forse la sera stessa del 24 settembre 1836, poté fare il punto sulla situazione e sulle responsabilità che gli erano state affidate. Era stato scelto come primo superiore generale di una congregazione che lui non aveva iniziato. E non solo: si trovava ad esserne capo contro la sua volontà. Nel suo cuore sentiva di essere una soluzione provvisoria fino a che qualcun altro, migliore e più adatto di lui, assumesse quella responsabilità. Nello stesso tempo si rendeva conto che non c'era nessuno disponibile per questo compito.

L'ascesa di Colin verso la leadership è eccezionale e ha pochi paralleli. Era pronto a spendere tutte le sue energie per una causa nella quale credeva ma che non aveva iniziato; a prendere importanti iniziative senza aver desiderato il posto; ad accettare responsabilità sebbene convinto di non essere adatto al compito che i suoi confratelli gli avevano imposto. E cercava la prima occasione per dare le dimissioni. In lui non c'erano sicuramente né ambizione personale né interessi privati. Le sue proteste per il fatto che non doveva essere lui a dirigere la Società vanno al di là delle normali esitazioni di chi assume una funzione che rischia di superare le proprie capacità. Sembra invece che rappresentino ciò che pensava sinceramente di sé. Non giocava a fare l'umile o il falso timido. E non c'è bisogno di ricorrere a ipotesi psicologiche. Ma la riluttanza non implica necessariamente una mancanza di impegno. Come in precedenza al collegio-seminario di Belley, una volta insediato Colin non ha esitato a compiere la sua missione e vi si è dedicato con tutte le sue forze. Avrebbe guidato la Società per i successivi diciotto anni. Ma durante tutto quel periodo ha continuato a considerare la sua funzione come temporanea e ha fatto diversi tentativi, o almeno progetti, di dimissioni da superiore generale finché fu finalmente autorizzato a darle nel 1854.

Nell'attesa, aveva molte cose da fare. La più importante, naturalmente, era quella di inviare i primi missionari nel Pacifico. Bisognava farlo il più presto possibile. La nuova Società non aveva perciò il tempo per organizzarsi e si ritrovava da sola a prepararsi a questa missione in un vasto territorio dall'altra parte del mondo, con una popolazione numerosa e dispersa in innumerevoli isole, con culture molto differenti, delle quali in Europa si conosceva molto poco. Non stupisce che all'inizio ci siano stati momenti di confusione, di esitazione e di incertezza.

Alla fine di quel 1836, anno di fondamentale importanza, Mons. Pompallier partì per il Pacifico con quattro sacerdoti maristi e tre fratelli maristi. I Fratelli erano stati formati da Marcellino Champagnat all'Hermitage. Prima di lasciare Lione, i missionari salirono ancora una volta la collina di Fourvière per affidare la missione alla Vergine Maria. I loro nomi erano stati scritti su un rotolo, contenuto in un cuore votivo d'argento; nel corso degli anni sono stati aggiunti anche i nomi dei loro successori.

Foce di un fiume a Hokianga

Dopo aver cambiato molte volte i loro progetti in corso d'opera, Pompallier decise di stabilire in Nuova Zelanda la base della sua missione. Il 10 gennaio 1838, dopo più di un anno di viaggio, il vescovo, accompagnato da un sacerdote e da un fratello, arrivò a Hokianga Harbour, nel nord del paese, dove avrebbe trovato la maggior parte della popolazione Maori insieme ad alcuni coloni europei. Nel corso del viaggio avevano pianto la morte di Claude Bret e avevano lasciato due sacerdoti e due fratelli sulle isole di Wallis e Futuna, dove essi erano i primi missionari cristiani. Lasciamoli alle loro nuove postazioni, ma notiamo l'estrema difficoltà del territorio della missione che Pompallier e i Maristi avevano intrapreso, e l'esistenza precaria che dovettero spesso sostenere. Notiamo anche l'enorme distanza che li separava da Roma e da Lione e la conseguente lentezza e i rischi della comunicazione. Agli inizi, una lettera dall'Europa poteva impiegare un anno per arrivare in Nuova Zelanda; la stessa cosa dicasi per il denaro, le informazioni e le direttive. A proposito di denaro, la nuova missione aveva ricevuto una sovvenzione iniziale sia dalla Congregazione di *Propaganda* che dalla diocesi di Lione. Ma l'aiuto economico futuro sarebbe dipeso dall'Associazione della Propagazione della Fede, la cui fondatrice, Pauline Jaricot, era anch'essa originaria di Lione. Con Parigi, Lione continuava ad essere il centro amministrativo di questa importante organizzazione diretta da laici. Questi fondi erano convogliati verso il Pacifico tramite Colin. Nel 1839 egli decise di trasferire la casa madre della Società di Maria da Belley a Lione, in una proprietà chiamata "Puylata", situata sulle pendici al di sopra della Saona, sotto Fourvière. Dalla terrazza, nei giorni limpidi, si può vedere il Monte Bianco.

Colin era direttamente responsabile dei sacerdoti maristi e dei fratelli coadiutori in Europa, del reclutamento, della formazione, dei missionari in Oceania e anche, in quanto autorità suprema, dei fratelli, delle suore e dei laici maristi. Fino al 1839 aveva governato solo la Società. Una volta trasferitosi a Puylata, creò un'amministrazione generale con procedure e pratiche amministrative regolari.

Marcellino Champagnat faceva parte di questa prima amministrazione, incaricato in particolare dei Piccoli Fratelli di Maria. Ma dalla metà del 1839 la sua salute fu motivo di viva preoccupazione. Divenne urgente il problema della sua successione e del futuro governo dei Fratelli Maristi. Colin pensò che era venuto il momento per i Fratelli di eleggere uno di loro per dirigere l'istituto. Il 12 ottobre 1839 si trovava all'Hermitage per presiedere l'elezione del "fratello direttore generale" secondo il regolamento che aveva redatto. Fratel François Rivat, uno dei primi compagni di Marcellino

Champagnat, fu eletto per dirigere un istituto di 139 Fratelli in quarantacinque case in Francia, oltre quelli inviati in Oceania. Tuttavia Marcellino restava "Provinciale" dei Fratelli e continuava a corrispondere con Colin per gli affari importanti, come le risposte da dare ai vescovi che da tutta la Francia e sempre più numerosi chiedevano dei Fratelli per le loro diocesi, e che Champagnat non era in grado di soddisfare.

Il mercoledì delle ceneri 4 marzo 1840, Marcellino fu colto da un violento dolore ai reni, che durò fino alla morte. Si mise allora a preparare le sue ultime

Ritratto di Champagnat

disposizioni. Il 18 maggio dettò il suo 'testamento spirituale'. È un documento che traspira la santità dell'uomo. Rivolgendosi ai suoi "carissimi Fratelli", Champagnat morente sottolineava l'unità della Società di Maria a più rami, sotto l'autorità di un superiore generale.

Il 24 e 25 maggio Colin andò all'Hermitage per salutarlo. Il 6 giugno 1840 Marcellino morì all'età di 51 anni. Fu sepolto due giorni dopo. Parteciparono ai funerali Pierre Colin e diversi altri Padri Maristi, ma non Jean-Claude. Del gruppo originale, Marcellino era l'unico di levatura uguale a quella di Colin. I due avevano lavorato insieme per tanti anni, consultandosi costantemente; non erano sempre stati d'accordo ma avevano un unico scopo in mente: l'Opera di Maria. Il provinciale dei Fratelli non esitava ad esprimere un'opinione contraria a quella del superiore generale che talvolta cedeva, ma che altre volte gli chiedeva di sottomettersi. Tra i due regnava una fiducia totale. Per Colin, significava la fine di una collaborazione solida che, al di là delle formalità dell'età, manifestava una stima profonda e persino un autentico affetto. Per la Società di Maria finiva un'epoca. Un grande albero era caduto e il vuoto non è stato mai riempito.

La Società di Maria cominciava a crescere rapidamente. Numerosi erano i preti diocesani attirati dalle missioni in Oceania. Nel 1839 ci fu un solo ingresso, ma si trattava di un futuro santo canonizzato: Pierre-Julien Eymard, prete della diocesi di Grenoble, che fonderà più tardi la Congregazione dei Padri del Santissimo Sacramento.

In Oceania, la maggior parte del personale e del denaro era investito in Nuova Zelanda, di gran lunga l'arcipelago più grande e più popoloso delle isole del Pacifico. Qui i Maristi incontrarono numerosi problemi, oltre a quelli dovuti alla distanza, che aggravavano gli altri. Innanzitutto i missionari protestanti, che evangelizzavano il popolo maori dal 1814, normalmente con successo, anche se molti non avevano ancora abbracciato il cristianesimo. Essi e i loro convertiti erano quasi sempre ostili all'arrivo dei missionari cattolici. I Maristi trovarono anche un nutrito gruppo di coloni europei, in rapida crescita, di cui un buon numero cattolici, spesso veterani irlandesi dell'esercito britannico. Le loro necessità e le loro attese entrarono ben presto in competizione con le attenzioni dei missionari nella loro opera di prima evangelizzazione dei Maori. Nel 1840, due anni dopo l'arrivo dei missionari cattolici francesi, il governo britannico stabiliva la sua autorità su tutto il paese, vanificando così la speranza di una colonia francese in Nuova Zelanda. Mons. Pompallier e i Maristi temevano gli effetti che questo poteva avere sulla loro presenza in Nuova Zelanda. Sorsero attriti tra il vescovo e numerosi suoi preti. Alla fine il superiore generale decise di intervenire personalmente.

Padre Chanel era stato lasciato sull'isola di Futuna, nell'Oceania centrale, con Fratel Marie-Nizier Delorme. Sulla vicina isola di Uvea, o Wallis, si trovavano P. Bataillon e Fratel Joseph Luzy, i quali verso la fine del 1841 erano riusciti a convertire quasi tutti gli abitanti. A Futuna, invece, i progressi erano molto più lenti, praticamente inesistenti. In diversi anni Chanel era riuscito a battezzare solo qualche bambino in fin di vita e pochi altri. Ma la sua instancabile generosità e la sua bontà gli avevano procurato dalla popolazione locale il soprannome di "uomo dal cuore buono". Nell'aprile 1841

Vetrata del martirio di Chanel

aveva quindici adulti catecumeni, di cui uno era il figlio di uno dei due re dell'isola. La sua conversione provocò l'ira di suo padre. Fu organizzato un complotto contro il missionario che fu brutalmente assassinato il 28 aprile 1841. Ma anche a Futuna 'il sangue dei martiri è seme di cristiani': nel 1845 l'isola era interamente cristiana.

La notizia della morte di Chanel raggiunse l'Europa solo un anno più tardi. La reazione immediata di Colin all'annuncio della seconda perdita di un marista che egli aveva inviato in missione fu turbamento e dolore. Riferisce un osservatore: 'Il suo cuore, sensibile al massimo, fu intenerito e annientato (come per Bret). Era come se un fulmine lo avesse colpito.' Seguì una reazione di sottomissione alla volontà di Dio: 'Cadde in ginocchio e disse al Signore: Sii benedetto… Sia fatta la tua volontà!.'

Il superiore generale annunciò alla Società l'assassinio di Chanel come un martirio: 'Cantiamo un cantico di lode in onore di Maria, nostra madre, Regina dei Martiri. Uno dei suoi figli e nostro fratello ha meritato di versare il suo sangue per la gloria di Cristo Gesù'. La morte violenta di Padre Chanel è stata riconosciuta come martirio dalla Chiesa, che lo ha beatificato nel 1889 e canonizzato nel 1954.

Negli anni successivi al martirio di Pierre Chanel, i Maristi hanno fondato missioni precarie, ma durature nel tempo, a Tonga e a Figi, ambedue già evangelizzate dai Metodisti, e a Samoa. Un primo tentativo di fondazione in Nuova Caledonia si era scontrato con l'ostilità della popolazione e aveva causato la perdita di una vita; un secondo tentativo dovette essere abbandonato; il terzo fu quello buono. La missione marista alle Salomoni e in Nuova Guinea si rivelò troppo difficile e mise a dura prova le risorse della Società. Fu poi affidata ai missionari della Società delle Missioni di Milano, ma neppure loro riuscirono a tenerla. I Maristi tornarono alle Salomoni solo nel 1897. La storia delle prime missioni mariste nel sud-ovest del Pacifico è una storia eroica che ancora non è stata totalmente raccontata.

Colin non ha mai visitato l'Oceania. Tuttavia si è profondamente coinvolto nella missione marista nel Pacifico del sud. La distanza a volte offre una prospettiva più ampia. In collaborazione con la Congregazione di *Propaganda Fide*, è stato in grado di pianificare lo sviluppo della missione in Oceania, compresa l'erezione di nuovi vicariati.

Nel corso del suo mandato come superiore generale, Colin ha organizzato quindici partenze di missionari, per un totale di 117 Maristi: 74 sacerdoti, 26 Piccoli Fratelli di Maria e 17 Fratelli coadiutori. È un numero che rappresenta un grande sacrificio per una congregazione ancora molto piccola. Colin era profondamente preoccupato per i suoi uomini, per i quali si sentiva responsabile davanti a Dio. Insisteva sulla necessità per i missionari di vivere in comunità e in maniera più generale sul diritto del superiore religioso di assicurare il loro benessere spirituale e temporale. Questo fu motivo di conflitti con Mons. Pompallier e più tardi con altri vescovi che pretendevano che i missionari fossero sotto il loro completo controllo. Cosa che lo condusse a riflettere sui rispettivi ruoli del superiore ecclesiastico e religioso.

Uno dei modi principali con cui Colin sosteneva i missionari è stato come guida spirituale. A partire dal primo gruppo in partenza per l'Oceania, il superiore generale ha dato loro una regola di vita e una spiritualità realistica, che i loro successori continuano ancora oggi.

Al ritiro annuale del settembre 1841 Colin tentò per la prima volta di dare le dimissioni. Ci pensava da diversi mesi e lo aveva anticipato dando fuoco ai suoi appunti personali. Credeva giunto il momento di passare ad altri il governo della Società. Ma i suoi confratelli non furono d'accordo. Colin accettò la loro decisione e si mise di nuovo al lavoro.

Capitolo 8
La Missione in Oceania

Siamo arrivati al culmine nella vita di Jean-Claude Colin, soprattutto nel governo come superiore generale della Società di Maria. Le decisioni prese e gli orientamenti confermati nella primavera e nell'estate del 1842 hanno modellato gli avvenimenti e le scelte future, come le acque che scendono da un crinale di una montagna. Colin era al lavoro e c'erano cose che voleva realizzare.

Nell'aprile del 1842 i Maristi tennero un'assemblea considerata come il loro primo capitolo generale. Alcune questioni avevano bisogno di decisioni. La questione principale era discutere e approvare un progetto di Costituzioni sul quale Colin lavorava da tempo. C'erano anche urgenti questioni relative all'Oceania, dove i rapporti con Mons. Devie erano particolarmente tesi. Tuttavia questi argomenti non furono discussi in assemblea, anche se Colin fece commenti informali su molti di loro. E c'era la richiesta non prevista dei Fratelli Maristi di una unione permanente dei sacerdoti e dei fratelli in un'unica Società di Maria, sotto l'autorità di uno stesso superiore generale.

Il testo delle Costituzioni approvato dall'assemblea dell'aprile 1842 era quello più completo prodotto fino a quel momento da Jean-Claude Colin. Tuttavia egli non lo considerava come l'espressione definitiva della regola; infatti, l'ultimo capitolo era rimasto incompiuto. Sebbene fosse ben lungi dall'essere semplicemente un profilo molto generale delle esigenze della vita religiosa marista, Colin si era astenuto di inserirvi numerose prescrizioni dettagliate che considerava come appartenenti alla regola e che inserirà nelle Costituzioni del 1872.

Colin aveva rimodellato il corpo della legislazione marista in un quadro che era fondamentalmente quello della Compagnia di Gesù.

Tuttavia, un confronto anche breve dei due documenti rivela che non c'è una semplice corrispondenza tra il contenuto dei capitoli. Da una parte Colin non ha esitato ad utilizzare ampiamente il testo di Sant'Ignazio, fino a lunghe sezioni prese a prestito parola per parola, soprattutto riguardo al noviziato e al superiore generale. D'altra parte non ha solo adattato le sue fonti, ma ha anche introdotto molti elementi propri alla Società di Maria e ha inserito spesso le sue intuizioni. Così, per esempio, al ritratto ignaziano di un superiore generale che richiama subito un esercito a struttura piramidale di 'ufficiali subalterni' comandati da un 'ufficiale superiore', egli aggiunse la 'sollecitudine materna' per i malati, la fiducia in Maria, l'opposizione allo spirito del mondo e all'avidità del denaro e dei beni. Colin rimaneva fondamentalmente indipendente da Ignazio.

Ora i suoi pensieri erano rivolti soprattutto a Roma e al viaggio che avrebbe presto intrapreso. Aveva già scritto una lettera al cardinal Fransoni, prefetto della congregazione di *Propaganda Fide*, per informarlo del crescente disaccordo tra Mons. Pompallier, i Maristi in Nuova Zelanda e il loro superiore a Lione. Fransoni desiderava risolvere la controversia che comprometteva l'intera Missione del Pacifico. In questa fase cercò di calmare i sentimenti feriti e di riconciliare le parti. Ma Colin era convinto che da Roma servisse ben più che parole rassicuranti. Nel corso della sua prossima visita intendeva sollevare la questione delle rispettive responsabilità del vescovo missionario e del superiore relative ai religiosi ai quali era stata affidata questa missione.

Un altro argomento che da tempo occupava la mente di Colin era quello della riorganizzazione della missione dell'Oceania occidentale. Inizialmente si trattava di un unico e vasto vicariato affidato al solo Mons. Pompallier. Erano già stati suggeriti diversi progetti di divisione del vicariato. Colin aveva ora idee precise e proposte concrete da fare. Aveva scritto un 'Memoriale sulle Isole dell'Oceania occidentale', di sei pagine, destinato a fissare i confini delle nuove missioni che potevano essere definite. Tracciava le coordinate di tutto il Pacifico-Sud che formava il vicariato dell'Oceania occidentale e identificava i principali gruppi di arcipelaghi: Nuova Zelanda; Figi, Tonga, Samoa, Wallis e Futuna; Nuova Caledonia, Nuove Ebridi (oggi Vanuatu), Salomoni; Nuova Guinea, Nuova Bretagna, Nuova Irlanda, Isole dell'Ammiragliato, ecc.; infine Caroline, distinte dalle Marianne, che dipendevano già dalla Chiesa nelle Filippine. Ciascun gruppo, a

Croce e palme a Tutu

sua volta, veniva descritto con una particolare attenzione al clima, alle risorse naturali, alla popolazione e alle potenzialità di sviluppo. Venivano proposte anche alcune idee di futuri assetti ecclesiastici per la regione. La Nuova Zelanda, a motivo delle sue dimensioni, della popolazione e dell'interesse già in atto da parte dei missionari protestanti, aveva necessità di due vicariati. Un terzo vicariato doveva raggruppare Figi, Tonga, Samoa insieme a Wallis e Futuna, le Gilbert (oggi Kiribati) e altre isole. La Nuova Caledonia, le Nuove Ebridi e le Salomoni costituivano il quarto vicariato; la Nuova Guinea e le isole adiacenti il quinto. Le isole micronesiane delle Caroline, a nord dell'equatore, potevano costituire un ricco terreno di missione e anche richiedere un vicario apostolico. Queste raccomandazioni erano così ben fondate che quando Colin si ritirò dalla direzione della Società, nel 1854, tutte erano state o stavano per essere messe in atto da Roma.

Il 28 maggio Jean-Claude Colin, in compagnia di Victor Poupinel, lasciò Lione per Marsiglia e quindi Roma, dove arrivarono il 2 giugno. Molte cose erano cambiate dalla sua prima visita della Città Eterna, nove anni prima; il viaggio del 1842 avveniva in circostanze molto diverse da quello del 1833. All'epoca era un semplice prete di una piccola diocesi francese che cercava un riconoscimento papale per una nuova congregazione religiosa che aveva lasciato molto scettici, anche se tutti erano rimasti colpiti dalla sua sincerità e dalla sua fede. Le raccomandazioni che aveva ricevuto dai due vescovi

Ritratto di Poupinel

erano piuttosto tiepide e a Roma non conosceva nessuno se non il cardinal Macchi che aveva incontrato a Parigi dieci anni prima. Ora era il superiore generale di una congregazione approvata dal papa e responsabile di un'impresa missionaria all'altro capo del mondo. Aveva circa cento sacerdoti direttamente ai suoi ordini ed inoltre molti lo consideravano ufficiosamente come superiore generale dei rami dei Fratelli insegnanti, delle Suore e di diversi gruppi di laici. Da diversi anni intratteneva relazioni epistolari regolari con il cardinal Fransoni, ed era conosciuto da altri cardinali, particolarmente Castracane, il quale, pur continuando ad opporsi al concetto di una Società a più rami, era giunto ad apprezzare e a stimare Jean-Claude Colin. Ora tutte le porte erano aperte per lui. Agli occhi della curia romana era diventato un personaggio importante.

Poupinel racconta che chi incontrava a Roma Padre Colin per la prima volta rimaneva impressionato per la sua 'aria di santità e di semplicità', per la sua modestia e umiltà; uno di loro prevedeva addirittura che un giorno sarebbe stato canonizzato e che la sua statua avrebbe occupato una nicchia ancora vuota in San Pietro, quella vicina a Sant'Alfonso de Liguori. Nonostante la sua avversione per le visite di cortesia, Colin andò a trovare un certo numero di cardinali. Naturalmente tenne anche riunioni di affari con Fransoni e Castracane. Quest'ultimo si sforzò di essere gentile con lui e lo accolse con grande attenzione. Un giorno che lo aveva superato per strada senza vederlo, si sporse dalla portiera della sua carrozza e lo salutò con la mano. In un'altra occasione, quando anche il cardinale era a piedi, accelerò il passo per raggiungerlo e intrattenersi con lui. Colin, naturalmente, si spostava sempre a piedi, cosa che trovava faticosa; finché non fu convinto da Castracane e da altri a seguire l'esempio di Filippo Neri e a prendere ogni tanto una carrozza. Non c'era bisogno—gli fu detto—di essere più santo del santo, a cui piaceva dire che a Roma 'tutto è vanità, tranne che andare in carrozza'.

Quando Castracane cominciò a conoscere meglio Colin, la sua ammirazione per lui aumentò. Disse a un altro prete: 'È il *vir simplex et rectus* (uomo semplice e retto) di cui parlano le Scritture (Gb 1,1). Monsieur Colin è un santo. Ha capito il suo tempo.'

La visita più importante che doveva fare a Roma era, naturalmente, quella al papa, sempre Gregorio XVI. Tuttavia Colin non aveva fretta di richiedere un'udienza e non lo fece se non verso la fine del suo soggiorno nella Città Eterna. Confessò a Poupinel che ne avrebbe fatto volentieri a meno, se avesse potuto, perché 'è andare a ricevere complimenti dal Santo Padre per ciò che la Società sta facendo in favore delle missioni estere'. Ora sapeva che non poteva trattare affari con lui e che sarebbe stato indirizzato agli ufficiali appositi della curia. Verso la fine di luglio decise finalmente di chiedere un'udienza. Fu fissata per il 3 agosto, ma ebbe luogo solo tre giorni dopo. Ci fu un po' di imbarazzo sul protocollo, perché il papa non permise a Colin di baciargli i piedi e il superiore generale esitò a prendere la mano che Gregorio gli tendeva. Era chiaro che il papa era stato ancora una volta 'ben informato' sul suo visitatore. Gli parlò delle missioni di Oceania, di Padre Chanel, di un progetto di missioni in Africa del sud e della protezione del governo francese. Alla fine Colin chiese la benedizione per tutta la Società. 'Molto volentieri', rispose il Santo Padre, 'perché cresca sempre di più'. Questa era stata, dopotutto, ben più che una semplice visita di cortesia.

Come la volta precedente, Colin era anche pellegrino e turista a Roma. Come la volta precedente consacrò del tempo a studiare, in particolare il diritto canonico. Tutti si congratulavano con la Società di avere già un martire nella persona di P. Chanel. Gli fu spiegato come fare per introdurre la causa di beatificazione. Scrisse in Francia chiedendo di raccogliere tutte le informazioni possibili sulla vita di Chanel in Francia, prima della partenza per l'Oceania.

Sicuramente la maggior parte del tempo di Colin fu consacrato alle questioni per le quali era venuto a Roma. Ciò comportava la preparazione e la stesura di lettere e di altri documenti, la consultazione di esperti, e numerose riunioni. E in modo particolare comportava anche molto tempo passato in preghiera. Pensava che non fosse questo il momento opportuno per chiedere l'approvazione del suo testo di Costituzioni da parte del papa, ma piuttosto ottenere consigli e l'assicurazione che stava procedendo sulla strada giusta. Il punto difficile per la Società di Maria restava sempre la sua struttura a più rami, in particolare l'incorporazione dei Fratelli insegnanti come corpo ampiamente autonomo, con la sua amministrazione, le sue case e i suoi ministeri, sotto lo stesso superiore generale dei Padri. Alcuni esperti che aveva consultato gli risposero che non avrebbe avuto alcuna difficoltà ad ottenere dal papa l'approvazione dei Fratelli insegnanti come istituto indipendente. L'ostacolo al riconoscimento dei Fratelli come parte integrante della Società di Maria allargata era l'opposizione precedentemente dimostrata dal cardinal Castracane e la sua insistenza che Roma approvasse solo i sacerdoti.

Colin si recò a trovare Castracane, il quale, come previsto, gli ripropose il decreto del 1836. Il superiore generale fece notare che il cardinale non comprendeva a sufficienza la situazione in Francia, dove i Fratelli, senza un riconoscimento da parte dello Stato, si trovavano in una situazione vulnerabile; l'unione con i sacerdoti avrebbe dato loro una certa protezione e uno statuto sicuro. Quand'ebbe capito questo, Castracane cominciò a cercare il modo in cui i Fratelli avrebbero potuto essere approvati senza rimettere in discussione il decreto esistente, magari come terziari. Ma aveva sempre delle riserve sull'idea generale. Non dubitava che tutto questo avrebbe potuto funzionare finché Colin era superiore generale. Ma dopo? Non ne era sicuro e temeva che in futuro potessero sorgere difficoltà tra sacerdoti e Fratelli. Non gli era certamente sfuggito che i Fratelli erano già molto più numerosi dei sacerdoti e prevedeva che un giorno avrebbero richiesto la loro indipendenza. Colin era d'accordo, soprattutto se i Fratelli avessero trovato difficoltà con i futuri superiori. Una saggia legislazione poteva evitare questo ma non era possibile legiferare su tutto, specialmente su cose che avrebbero potuto non accadere per molto tempo. Di fatto non si preoccupava tanto se i rami si fossero separati in futuro. Quello che riteneva importante era il presente, perché i Fratelli avevano bisogno di essere uniti ai sacerdoti, sotto il loro superiore. Sembra che in quel momento i 'rami' siano divenuti per lui non tanto una questione di principio ma di convenienza pratica.

Naturalmente ci fu anche un serio confronto tra Colin e il cardinal Fransoni sull'Oceania. Colin sosteneva che, per risolvere la controversia in Nuova Zelanda, doveva essere chiarita la legittima autorità di un superiore religioso sui soggetti che facevano parte di un vicariato missionario. Il prefetto di *Propaganda* alla fine acconsentì. Invitò Colin a esporre ciò che secondo lui doveva contenere un decreto della congregazione romana. Colin avanzò quattro richieste: istituire un provinciale in Nuova Zelanda che rappresentasse il superiore generale della Società di Maria e che, senza nuocere ai diritti e alla giurisdizione del vicario apostolico e insieme a lui, 'vegliasse su ciascun missionario'; in caso di necessità, poter ritirare e sostituire un missionario, dopo preventiva notifica a *Propaganda*; esigere che i missionari non vivessero normalmente isolati; richiamare uno dei missionari ogni quattro o cinque anni per riferire a Propaganda e al superiore della Società tutto ciò che riguardava il benessere della missione e di ogni missionario. La Congregazione accettò queste disposizioni, ma in una seconda versione del suo decreto, che doveva applicarsi in modo più generale anche ad altre missioni e non solo alle missioni mariste del Pacifico, aggiunse un quinto articolo secondo il quale le comunicazioni tra il vicario apostolico e Roma dovevano passare attraverso il superiore generale. Colin non lo aveva richiesto e prevedeva che questo poteva portare a ulteriori difficoltà. E così avvenne. Nel 1846 Roma annullò l'intero decreto.

L'argomento successivo nell'agenda di Colin durante la sua visita a Roma nel 1842 era l'inizio della ristrutturazione della missione cattolica nel Pacifico sud-ovest. Con successo, chiese al cardinal Fransoni di erigere un nuovo vicariato dell'Oceania centrale comprendente Tonga, Figi, Samoa, Wallis e Futuna. Per il superiore generale era urgente agire per impedire il crescente sviluppo della presenza protestante a Figi, Tonga e Samoa.

All'inizio di agosto 1842 Jean-Claude Colin aveva terminato i suoi impegni a Roma. Sperava di poter partire con P. Poupinel la sera del 15 agosto, festa dell'Assunzione di Maria. Ma nel frattempo contrasse la malaria, una piaga comune a Roma in quell'epoca. Fu chiamato un medico, che gli ordinò la solita purga e gli prescrisse del chinino, più efficace. Colin fu alquanto impressionato dalla gravità della sua malattia e chiese a Poupinel di chiamare il suo confessore se il male fosse peggiorato. Gli diede anche istruzioni su ciò che avrebbe dovuto fare con i suoi incartamenti.

Finalmente furono in grado di lasciare Roma la sera del 28 agosto. Poupinel si chiedeva come il superiore generale avrebbe sopportato il viaggio di ritorno. Colin arrivò a Lione completamente esausto. 'Ah! È il momento. Non ce la faccio più.' La febbre era tornata e se ne andò a dormire.

Capitolo 9
La Società in Europa

Poiché la Società cresceva, diveniva urgente avere delle Costituzioni in una versione definitiva approvata dalla Santa Sede. In effetti Colin non aveva chiesto l'approvazione del suo testo nel 1842. Negli anni successivi continuò a lavorare sulla Regola. Era anche occupato a scrivere Costituzioni per le Suore, per il Terz'ordine e, per un certo periodo, per i Fratelli Maristi. Tutto questo lo conduceva a pensare di dimettersi da superiore generale per consacrarsi totalmente al lavoro di redazione delle Costituzioni. Chiese dunque le dimissioni al capitolo del 1845, che le rifiutò ma gli concesse una pausa dal governo della Società.

Il 1848 fu di nuovo un anno di rivoluzione in Francia e, più in generale, in Europa. Il 24 febbraio, a Lione, la caduta del re Luigi Filippo fu il segnale per bande di operai, in particolare tessitori di seta, la principale industria della città, di precipitarsi per le strade, entrare nelle case religiose e distruggere i telai che trovavano. Protestavano perché queste case, spesso orfanatrofi o istituzioni similari, impiegavano i loro residenti come mano d'opera gratuita mantenendo così bassi i salari degli altri operai.

Scalone di Puylata

I Maristi di Puylata, sebbene non avessero lavorazione della seta, si aspettavano comunque che la loro casa venisse invasa e temevano violenze e saccheggi. Colin capì la situazione e mantenne la calma, come nel 1831 quando riuscì a mantenere l'ordine alla scuola di Belley. La sera del 26 febbraio informò la comunità su quanto era effettivamente successo a Parigi e a Lione: il modo migliore per contrastare voci e speculazioni e calmare gli animi. Fino a quel momento le uniche violenze commesse erano state contro i telai della seta, non contro i religiosi. I Maristi, disse loro, devono aspettarsi una visita la notte prossima. E spiegò loro come li dovevano accogliere. Un padre e due fratelli faranno la guardia. Bisognerà portare gli 'inviati della Repubblica' subito in refettorio, dove troveranno pane, frutta e vino—aveva ordinato di portarne in quantità dalla cantina. Un tocco di campana avvertirà tutti i Maristi di tenersi pronti, con la lampada accesa. Accoglieranno 'con molta educazione' coloro che verranno a ispezionare le camere—senza dubbio alla ricerca di telai per la tessitura. Gli fu suggerito di rimuovere una statua ben visibile della Madonna: 'Mi guarderò bene dal farlo, e che dirà la Vergine santa? È lei la nostra guardiana.' E inoltre la sua vista addolcirà coloro che verranno.

L'attesa visita arrivò. Alcuni operai armati, arruolati nella Guardia Nazionale, furono ricevuti da Colin e da un confratello; mangiarono e bevvero tutto quello che volevano, chiesero un certificato di buona condotta e se ne andarono. Erano chiaramente contenti dell'accoglienza dei Maristi e tornarono nove volte nei due giorni successivi. Infine, il 28 febbraio, la casa fu ufficialmente incaricata di sfamare i rivoluzionari e alla porta fu messa una sentinella per prevenire qualunque incursione. Risultato: i Maristi poterono continuare le loro occupazioni normali senza aver bisogno di nascondersi, come avevano fatto altri preti e religiosi.

La crisi immediata era stata superata. Malgrado la sua preferenza personale per la vecchia monarchia dei Borboni, Colin credeva che lui e i Maristi potevano comprendersi anche con una repubblica. Ma prese coscienza che si stava verificando in Francia un grande cambiamento che non sarebbe stato senza enormi conseguenze per la Chiesa e per la Società di Maria. L'11 marzo 1848 il commissario provvisorio della repubblica di Lione proclamò lo scioglimento di tutte le congregazioni religiose non autorizzate, di cui facevano parte anche i Maristi. Il decreto non fu applicato, ma quattro giorni dopo Colin, temendo la dispersione forzata dei religiosi e la confisca dei beni, si accordò per affittare Puylata a degli amici per tre anni e trasferì altrove la maggior parte dei confratelli che si trovavano lì o in altre comunità grandi (e quindi facilmente rintracciabili). Disse a quelli che si trovavano a Parigi di tenersi pronti a lasciare la capitale, se necessario. Ripeté anche con insistenza che i Maristi non dovevano attirare un'attenzione ostile verso di loro, ma essere letteralmente 'sconosciuti e nascosti in questo mondo'. Invece di opporsi apertamente a idee 'sbagliate' come il comunismo che cominciava a prevalere, i Maristi dovevano lavorare alla salvezza di coloro che lo professavano.

In realtà, l'ordine fu presto ristabilito e si insediò una seconda repubblica conservatrice, che ben presto si trasformò nel Secondo Impero sotto Napoleone III. Anche così la rivoluzione del 1848 aveva ribaltato ogni progetto, come l'organizzazione di un 'secondo noviziato' per coloro che avevano già quattro o cinque anni di ministero.

Le osservazioni di Colin a volte tradiscono un crescente pessimismo sui tempi in cui viveva la Società. Non ha mai proclamato l'imminente fine del mondo, ma in privato—sembra—credeva che potesse essere vicina. E tuttavia non è stato mai motivo di paura o di turbamento perché Maria aveva promesso di essere il sostegno della Chiesa alla fine dei tempi; questo era infatti il momento in cui la Società avrebbe preso il sopravvento: 'Maria si servirà di noi, suoi figli.' Insisteva sempre di più sulla necessità della fede e della preghiera che 'sole possono convincere le menti, illuminare le intelligenze e toccare i cuori.' La Società di Maria era un 'corpo prima di tutto attivo', ma non realizzerà nulla 'se non uniamo in noi l'uomo di preghiera all'uomo di azione.'

Nonostante la sua costante preoccupazione per l'Oceania, Colin ha presieduto anche un periodo di crescita della Società di Maria. La predicazione continuava ad essere l'apostolato più importante. L'impegno delle missioni parrocchiali proseguiva. Si erano aggiunte altre forme di predicazione, come sermoni e istruzioni per l'avvento, la quaresima o il Corpus Domini. La predicazione di ritiri ai preti, ai seminaristi o ai religiosi stava diventando un'attività sempre più importante. Nel 1838 comparve una nuova opera quando i Maristi furono invitati ad assumere l'incarico del centro di pellegrinaggio di Notre-Dame di Verdelais, vicino a Bordeaux (cosa che offrì anche l'occasione per uscire per la prima volta dalle diocesi di Lione e di Belley). Nel 1846 e nel 1847 Colin accettò altri due centri di pellegrinaggio: Notre-Dame-des-Grâces, a Rochefort-du-Gard nel sud della Francia, e Notre-Dame-de-Bon-Encontre, vicino ad Agen, a sud-est di Bordeaux. Durante "l'alta stagione" di questi santuari i Maristi erano occupati dai bisogni spirituali e temporali dei pellegrini. Per il resto erano liberi per organizzare missioni parrocchiali. Tuttavia Colin era risolutamente contrario che i Maristi accettassero parrocchie perché, secondo

Chiesa e campanile di Verdelais

lui, erano contrarie alla loro vocazione missionaria.

Sempre più Colin promosse l'educazione come opera primaria della Società di Maria. Nel 1845 i Maristi lasciarono il collegio-seminario di Belley, ma nello stesso anno aprirono un nuovo collegio a Valbenoîte (Loire), nelle strutture di un'ex abbazia benedettina. In realtà i Maristi erano là dal 1831 come vicari del parroco che aveva acquistato il sito e che aveva l'intenzione di lasciare alla Società. Quando morì nel 1844, Colin decise di aprirvi un pensionato, che ebbe ben presto tutte le classi secondarie e circa novanta alunni. Tuttavia sopravvenne una controversia sullo stato nel quale era stata lasciata la proprietà e la Società perse il processo. Il superiore generale decise allora di accettare l'invito del Comune di Saint-Chamond, vicino all'Hermitage, di rilevare il collegio comunale nel quale egli trasferì la scuola di Valbenoîte. Un simile invito vide l'arrivo dei Maristi nella cittadina di Langogne (Lozère), dove essi rilevarono il decadente collegio prima di restituirlo al clero diocesano.

Tolone (Var) era—ed è tuttora—un'importante base navale francese. Nel 1845 i Maristi avevano aperto una residenza per i missionari a La Seyne-sur-Mer, molto vicina. Venne l'idea di aprirvi un pensionato. Ma bisognò aspettare il 1849 per avere l'autorizzazione di aprire la scuola. Cominciò con un piccolo numero di allievi, ma gradualmente il numero aumentò; nel 1854 erano 140, figli soprattutto di ufficiali di marina.

Gli ultimi due collegi aperti durante il generalato di P. Colin furono Brioude (Haute Loire) nel 1853–1854 e Montluçon (Allier) sempre nel 1853.

Un'altra importante opera di educazione intrapresa dalla Società nel corso del generalato fu costituire équipes di formatori per i seminari maggiori diocesani dove i candidati agli ordini sacri studiavano teologia e si preparavano al sacerdozio. Il primo seminario servito fu Moulins (Allier, nel 1847), seguito da Digne (Alpes-de-Haute-Provence, nel 1849) e da Nevers (Nièvre, nel 1852). Nel 1853 i Maristi presero anche la direzione del seminario minore di Digne.

Naturalmente, in questo momento della sua storia, la stragrande maggioranza di coloro che facevano parte della Società di Maria erano cittadini francesi. Tuttavia è interessante notare che anche allora la sua composizione cominciava a diversificarsi, con non meno di diciannove nativi della Savoia, che all'epoca non erano di nazionalità francese ma cittadini del Regno di Piemonte-Sardegna. C'era poi anche una piccola rappresentanza di altri paesi europei.

Nel corso del suo generalato, a Padre Colin arrivarono suggerimenti e offerte per stabilire una presenza marista anche in Inghilterra o in Irlanda. Il motivo più importante, ovviamente, era la possibilità di imparare l'inglese, ma anche di reclutare personale di lingua inglese per le missioni del Pacifico che includevano territori britannici e francesi. Ma Colin non pensava che le limitate risorse della Società gli avrebbero consentito di accettare tali offerte.

Edificio con chiesa adiacente a St Anne's

Tuttavia, nel 1850 la Società di Maria fece la sua prima fondazione europea fuori della Francia. Fu a Londra, una città già familiare a molti Maristi in transito per o dall'Oceania. Alla fine di marzo di quell'anno Mons. Nicholas Wiseman, vicario apostolico del distretto di Londra e presto, con il ripristino della gerarchia cattolica in Inghilterra e nel Galles, cardinale arcivescovo di Westminster, chiese ai Maristi la possibilità di aprire una casa a Spitalfields, nell'East End di Londra, per lavorare tra gli immigrati irlandesi che arrivavano sempre più numerosi dopo la recente carestia e le cui necessità gravavano sulla chiesa inglese. Essi erano attualmente assistiti da Joseph Quiblier, che Colin aveva conosciuto a Roma quando era stato superiore dei Sulpiziani di Montreal. Presumibilmente fu lui a suggerire i Maristi a Wiseman e a fare da intermediario.

Quiblier venne subito di persona a Puylata; Colin accettò di inviare tre sacerdoti e due fratelli. A Spitalfields non c'era una chiesa cattolica e neppure un presbiterio. Dovevano costruirseli i Maristi e Colin chiese aiuto all'Associazione per la Propagazione della Fede. Il frutto di questi negoziati fu una presenza missionaria marista nell'East End di Londra, che si prese cura delle ondate successive di nuovi immigrati che sono durate fino a tempi recenti.

Capitolo 10
Il futuro della Società

Colin pensava anche alla configurazione futura della Società. Sentiva sempre di più che la costante opposizione di Roma all'approvazione di una Società a più rami poteva significare, dopotutto, che non fosse secondo la volontà di Dio. Cominciò a preparare i Fratelli Maristi alla separazione dai Padri. Un momento fondamentale di questo sviluppo fu l'approvazione dei Fratelli da parte dello Stato come congregazione insegnante nel 1852; questo significava che essi non avevano più bisogno dell' 'ombrello' che i Padri offrivano loro. Nel 1854, anno delle dimissioni di Colin come superiore generale, i Fratelli erano totalmente indipendenti.

Se la separazione dai Fratelli è stata praticamente indolore, quella dalle suore è stata tutt'altra cosa. In breve, Colin pensava che anche le Suore Mariste dovevano diventare una congregazione indipendente di diritto diocesano in attesa dell'approvazione pontificia. Era una posizione accettabile. Meno facile da capire, invece, era la sua insistenza affinché cessassero di chiamarsi Suore Mariste e adottassero il nome di 'Religiose del Santo Nome di Maria'. Jeanne-Marie Chavoin, che non era più superiora generale, sosteneva con convinzione che, qualunque fosse il loro status canonico, era volontà di Dio che rimanessero un ramo della Società. Molti altri fattori complicarono la situazione, compresa l'ascesa nella congregazione a posti di responsabilità di una nuova generazione di suore le cui idee erano diverse da quelle della fondatrice. Alla fine Colin perse la pazienza con Jeanne-Marie e per un po' di tempo tagliò tutte le relazioni. Fu la triste fine di una lunga e, per un certo periodo, profonda amicizia. Comunque le Suore Mariste mantennero il loro nome, adottarono le Costituzioni scritte da Colin e finalmente divennero una congregazione di diritto pontificio.

Finora si è parlato poco del terzo ramo della Società come prevista agli inizi, quello dei laici. In effetti Colin non se n'era occupato personalmente se non in qualche occasione. Verso la fine del 1845 la nomina di Pierre-Julien Eymard da parte di Colin come direttore del Terz'Ordine di Maria fu un momento importante nella storia del ramo laicale. La direzione data da Eymard fu decisiva sia per la crescita del numero dei terziari e la formazione di gruppi particolari che si rivolgevano a diverse categorie di persone, sia per l'orientamento che gli dette. L'8 dicembre 1846 ricevette nel Terz'Ordine il suo membro più illustre, Jean-Marie Vianney, il santo curato d'Ars. La regola che egli compose nel 1847 seguiva la tradizione classica dei "terz'ordini", come quella dei Francescani, dei Domenicani e dei Carmelitani, e cioè laici che non erano solo strettamente associati ai religiosi, ma che vivevano nel mondo una specie di vita religiosa mitigata, con un forte accento sulla preghiera e la vita interiore.

Questa concezione del ramo laico contrastava con la visione molto diversa della 'Confraternita dei credenti di ambo i sessi che vivono nel mondo' che Colin aveva delineato nel *Summarium* del 1833. Questa era potenzialmente aperta a tutti i cattolici e prescriveva solo alcune preghiere e qualche pio esercizio. Tuttavia—almeno in questa fase—Colin non protestò contro la regola di Eymard. Probabilmente intendeva semplicemente lasciare la questione alla persona che aveva nominato; in ogni modo, nonostante le sue intenzioni dichiarate, non aveva ancora scritto la regola del Terz'Ordine. È anche possibile che la prudenza e l'esperienza abbiano giocato un ruolo in questo cambio di direzione. L'idea del 1833—un'organizzazione aperta a tutti con una missione universale, dipendente dal superiore generale marista—non era accettabile dal cardinal Castracane e dalla curia romana che temevano fosse percepita come sovversiva dalle autorità civili. Le autorità ecclesiali e pubbliche avrebbero accettato molto più facilmente un terz'ordine tradizionale dai contorni familiari. L'idea iniziale di Colin sul laicato – come tante altre relative alla Società— doveva aspettare il suo momento.

Rispetto alle opere della Società, Colin diventava sempre più pessimista sul futuro dei Maristi nel Pacifico. La situazione in Nuova Zelanda era stata risolta con la creazione di due diocesi: una a Auckland con Mons. Pompallier, mentre i Maristi si erano ritirati nell'altra a Wellington con Mons. Philippe Viard. La questione delle relazioni tra i superiori ecclesiastici e religiosi nei vicariati apostolici fu finalmente regolata nel 1851, ma nel senso totalmente opposto alle idee di Colin: da quel momento in avanti, in un territorio di missione affidato ad una congregazione o a un ordine religioso, il capo della missione doveva essere considerato *ex officio* anche come superiore religioso. L'esperienza delle difficoltà incontrate da Colin con i vescovi missionari lo portò persino a dubitare dell'opportunità che dei religiosi potessero far parte del personale di un vicariato apostolico.

In ogni caso, sembra che Colin abbia giudicato troppo alto il prezzo umano dell'impegno marista in Oceania. Dei missionari che aveva inviato laggiù, ventuno erano morti di morte violenta o di malattia prima del 1854. Era il momento di fare almeno una pausa e rifletterci sopra. Dopo il 1849 non inviò più missionari in Oceania, ma continuò a sostenere coloro che vi erano. Gli invii in missione riprenderanno con i suoi successori.

Nello stesso momento in cui ripensava la missione marista in Oceania, Colin impegnava decisamente la Società nel campo dell'educazione, che considerava ugualmente come 'territorio di missione'. Come abbiamo già visto, aveva aperto nuove comunità sia in scuole esistenti dove la Società era stata chiamata, sia in altri luoghi. Il ritiro annuale del 1848 fu seguito da una settimana di studio sull'educazione, cosa che attestava la crescente importanza di questo ministero nel ramo dei sacerdoti. L'anno successivo convocò una riunione dei superiori degli istituti scolastici per preparare un progetto di studi comune per i collegi maristi.

Gli anni che seguirono il 1848 videro anche emergere una nuova avventura marista. Nel 1841, mentre attendeva nel cortile del collegio-seminario di Belley una carrozza per tornare a Lione, Colin aveva rivelato ai suoi confratelli che stava pensando ad un ramo contemplativo. L'idea sembra essere venuta da alcuni terziari laici di Lione che desideravano condurre una vita di preghiera e di raccoglimento. Colin era favorevole; anzi, avrebbe desiderato anche per sé una vita simile. Ne aveva parlato con il vescovo di Belley, che si era

Edificio tra gli alberi a Marcellange

detto d'accordo. C'era anche la disponibilità di una proprietà ed era intenzionato a fondarvi un tipo di comunità contemplativa che vivesse sotto una regola meno esigente di quella dei Trappisti o dei Certosini. Nel giugno del 1842 fondò una nuova comunità a Marcellange (Allier). Due anni dopo fu chiusa, ma Colin non abbandonò l'idea.

Vecchia foto de La Neylière

Nel 1850 Colin trovò una proprietà più adatta, chiamata 'La Neylière', sui Monti del Lionese. Questa casa avrebbe occupato gran parte del tempo e dell'attenzione di Colin nei mesi e negli anni a venire. Nel frattempo il progetto si era un po' evoluto, passando da una 'Trappa mitigata', essenzialmente per laici, ad un luogo nel quale sarebbero stati coinvolti anche i Padri Maristi. Dall'esterno della Società arrivò un altro cambiamento importante. L'adorazione eucaristica era da molto tempo una devozione centrale nella Chiesa cattolica. A Parigi e altrove stava prendendo forma un movimento per organizzare l'adorazione perpetua e Antoine Bertholon, padre marista, vi era molto coinvolto. Madre Marie-Thérèse (Théodolinde) Dubouché, fondatrice delle Suore dell'Adorazione Riparatrice, lo prese come direttore spirituale. Altri Maristi ebbero l'occasione di incontrarla.

In quel periodo, a Lione, durante la festa del Corpus Domini del 1845, Pierre-Julien Eymard aveva sentito una fortissima attrazione di fare di Gesù Eucaristia il centro del suo ministero sacerdotale. Nel gennaio 1849, mentre si trovava a Parigi, incontrò il gruppo eucaristico. Rientrò a Lione con l'idea di promuovere la devozione eucaristica tra i Maristi. Nello stesso anno il cardinal de Bonald aveva chiesto ai Padri Maristi di occuparsi della devozione dell'adorazione notturna in città. Sempre nel 1849, Madre Marie-Thérèse aveva avuto un'estasi nella quale vide dei preti in adorazione e riconobbe che erano Maristi.

Al ritiro del settembre 1850 Colin parlò della nuova proprietà acquistata a La Neylière, 'nell'interesse della Società e per altri motivi molto importanti relativi alla gloria di Dio e al bene delle anime'. Fornì alcuni dettagli sullo scopo della casa e le speranze che poneva in essa. Poi esclamò: 'Ah, se questa casa potesse essere impregnata dello spirito dato da San Francesco di Sales al convento della Visitazione!.' Nel maggio 1852, dopo importanti trasformazioni della casa, Colin fu in grado di installarvi una comunità. Nel corso del ritiro inaugurale, parlò a più riprese della nuova opera, fornendo dettagli sulla regola da osservare. A quel momento non pensava solo ad una semplice casa, ma ad un'opera più grande e anche ad un 'nuovo ramo' con diverse case sotto l'autorità del superiore generale.

Colin espose pure i due scopi che intendeva realizzare con la casa: primo, offrire un 'rifugio' alle numerose anime per le quali il mondo era pieno di pericoli e che volevano donarsi sinceramente a Dio – per questo motivo sarebbe stata posta "probabilmente" sotto il patrocinio della Madonna della Pietà o della Compassione; secondo, offrire ai membri attivi della Società di Maria una casa di ritiro dove poter rinnovare il loro zelo e dove potersi preparare alla morte al termine della loro attività. In questa fase, sembra, l'adorazione eucaristica doveva essere una parte

Statua e finestre de La Neylière

importante della vita a La Neylière, ma non il suo scopo unico o principale.

Il 24 luglio 1853 Padre Colin benedisse la cappella di Nostra Signora della Compassione a La Neylière. Al ritiro annuale di quell'anno parlò a lungo della casa. Ormai desiderava che fosse una 'casa di preghiera dove sperava di assicurare l'adorazione perpetua'. Non era solo un nuovo sviluppo del suo pensiero. Egli immaginava il momento in cui una parte della Società sarebbe stata impegnata a predicare, a correre dietro ai peccatori per convertirli, mentre l'altra parte avrebbe costantemente 'alzato le braccia al cielo' per attirare le grazie sui missionari. Non quelli che cercavano i peccatori, ma quelli che pregavano sarebbero stati i veri missionari.

Colin condivise con la Dubouché le sue speranze e i suoi progetti sull'opera eucaristica marista e si interessò alla sua. Verso la fine del 1853 poteva immaginare che 'i preti che in Francia si occupano dell'opera dell'adorazione del SS. Sacramento' potessero un giorno 'formare una corporazione impegnata unicamente in quest'opera, quasi sullo stesso modello delle Suore riparatrici'. Per il momento, tuttavia, non guardava oltre La Neylière. Sembra che la sua visione dell'opera eucaristica fosse molto ampia, che inglobasse le diverse forme sotto le quali si manifestava in Francia tra preti, religiosi e laici e nelle quali vedeva 'diversi rami che si diffondevano da tutte le parti', senza che un ramo dipendesse da un altro. La sua idea, disse alla Dubouché, era di 'incoraggiare tutte queste opere che tendevano allo stesso scopo: riparare gli oltraggi fatti a Nostro Signore', e le consigliò di seguire la stessa linea. È chiaro che era ben lungi dal volersi metter a capo di questa multiforme 'opera' o dal portare i suoi numerosi 'rami' sotto l'egida della Società di Maria. I Maristi, infatti, dovevano rimanere 'sconosciuti' e non voleva che il loro nome fosse pronunciato.

All'inizio del 1854 il progetto eucaristico marista era ancora in fase di realizzazione. Colin, cauto come sempre, rifiutava di 'andare troppo in fretta' e diffidava dal farsi coinvolgere in schemi grandiosi. In gennaio, e nuovamente in marzo (due volte), ebbe l'occasione di scrivere a P. Eymard, ma non fece alcuna menzione de La Neylière né dell'opera eucaristica. L'evoluzione delle loro rispettive idee sembra essere stato un caso di sviluppo parallelo. 'Comunque, disse alla Dubouché, La Neylière è sempre la mia opera preferita. Non desidero altro che terminare i miei giorni ai piedi dei santi altari'. E sperava che Dio gli concedesse presto la 'libertà'.

Capitolo 11
'Padre fondatore'

Dal 1851 Jean-Claude Colin stava progettando le sue dimissioni. Fin dalla sua elezione come superiore generale, avvenuta il 24 settembre 1836, aveva atteso il momento di affidare il suo incarico ad altre mani e aveva già fatto due tentativi di dimettersi, nel 1841 e nel 1845. In queste due occasioni i confratelli non glielo avevano permesso: nessun dubbio che avessero un'opinione più alta della sua sulla capacità di governarli. Aveva sempre sofferto gli effetti fisici ed emotivi dello stress e ora sentiva che le sue forze stavano venendo meno. Inoltre doveva completare il lavoro sulle Costituzioni. Questa volta i confratelli erano inclini a concordare con lui sulla sua idoneità a continuare; sembra che abbiano intuito che era giunto il momento di un cambiamento al vertice della Società. Alcuni, tuttavia, temevano che la rinuncia di Colin alle sue funzioni potesse portare ad una divisione nella Società. C'era anche da chiedersi se una volta non più superiore generale Colin avrebbe avuto ancora l'autorità di dare le sue Costituzioni alla Società. Jean-Claude, però, credeva che la sua autorità provenisse dall'alto e fosse indipendente da una carica elettiva.

Prima di potersi dimettere, Colin aveva bisogno di preparare il terreno legale. La Società di Maria non aveva procedure condivise ed approvate per eleggere il superiore generale, cosa che, naturalmente, sarebbe stata stabilita nelle sue Costituzioni. Perciò Colin dovette ideare un processo elettorale formalmente accettato dai membri della Società e approvato da Roma. Finalmente tutto era pronto e in un capitolo riunito a Lione il 5 maggio 1854 Jean-Claude Colin rinunciò alla carica di superiore generale della Società di Maria.

La Società che Colin consegnava contava 221 Padri e 33 Fratelli in Europa, divisi in due province. La più numerosa, Lione, comprendeva, oltre alla casa madre di Puylata e la nuova casa de La Neylière, un noviziato a Lione, uno scolasticato a Belley, un terzo noviziato-scolasticato, cinque collegi (Brioude, Langogne, Montluçon, Saint-Chamond e La Seyne), tre seminari maggiori diocesani (Digne, Moulins, Nevers) e un seminario minore (Digne), quattro residenze missionarie (Moulins, Riom, Rochefort, Tolone), tre cappellanie di Fratelli Maristi (compreso l'Hermitage) e una cappellania di Suore Mariste.

La provincia di Parigi era più piccola. I suoi novizi e scolastici erano formati nella provincia di Lione e non aveva all'epoca nessun collegio. C'erano cinque grandi comunità: Parigi, Bon-Encontre (missioni), Valenciennes (missioni), Verdelais (santuario mariano, parrocchia, missioni) e Londra.

Dei missionari inviati da Colin nel Pacifico, 53 erano ancora in Oceania (44 Padri e 9 Fratelli). Dei 68 che non erano più in Oceania, 21 erano morti in missione, alcuni di morte violenta, altri erano tornati in Europa o avevano lasciato la Società. In Nuova Zelanda, i Maristi avevano lasciato le quattordici missioni fondate in quella che oggi è la diocesi di Auckland, ma ne avevano fondate quattro nella nuova diocesi di Wellington. In Oceania centrale c'erano quattro stazioni missionarie a Futuna e Wallis, tre a Figi, tre a Samoa e due a Tonga. In Nuova Caledonia c'erano quattro missioni. Infine c'era una casa di approvvigionamento a Sydney, Nuovo Galles del Sud.

Colin aveva anche rifiutato molte richieste in Francia e altrove poiché le risorse della Società, secondo lui, non gli permettevano di accettarle. Per motivi simili, non aveva accettato altre missioni che l'Oceania; per molto tempo aveva esitato con una missione in Africa meridionale, ma poi l'aveva rifiutata.

L'impresa di Colin è di aver assunto un'attività religiosa che non aveva avviato e di averla portata ad un punto di solida stabilità. Quando era diventato superiore centrale nel 1830 si poteva dubitare della sopravvivenza della Società di Maria. Per i successivi ventiquattro anni ha guidato—non senza difficoltà né contraddizioni—i gruppi iniziali di preti, fratelli e suore, che si consideravano essi stessi dei rami, verso la maturità e l'approvazione e infine verso l'indipendenza come congregazioni religiose. Per questo motivo si è meritato autorevolmente il titolo di 'Padre Fondatore' che ben presto gli è stato conferito.

Il 10 maggio il capitolo generale scelse Julien Favre come secondo superiore della Società di Maria. Aveva quarantun anni ed era originario di Hotonnes (Ain); era stato ordinato sacerdote della diocesi di Belley nel 1836. Poco dopo era entrato nella Società di Maria appena riconosciuta ed aveva iniziato ad insegnare teologia a

La Capucinière, dove era rimasto fino al 1852, quando Colin lo aveva nominato provinciale di Lione e di fatto numero due nella gerarchia marista. Dato che Colin si preparava ad uscire, Favre poteva essere considerato come il successore designato. In ogni caso il capitolo lo elesse al primo scrutinio.

Un commento attribuito a Denis Maître pierre, dopo che Julien Favre aveva preso il posto di Jean-Claude Colin come superiore generale della Società di Maria, può essere considerato come una sintesi—a rischio di caricatura—del contrasto tra i due uomini: 'Avevamo un fondatore; adesso abbiamo un organizzatore'. Tale osservazione, ovviamente, può essere interpretata in più modi. Può esprimere il rammarico per la fine di un'epoca di ispirazione e di innovazione; può anche esprimere la soddisfazione per il passaggio alla normalità e alla prevedibilità. Maître pierre, che era stato un tempo molto vicino a Colin come suo braccio destro, si rese conto che era avvenuto un profondo cambiamento. Può darsi che ci sia stato in lui un pizzico di nostalgia per il passato. Tuttavia non c'era dubbio che, in generale, lui e probabilmente molti altri Maristi erano rimasti contenti e persino sollevati di aver iniziato una fase nuova di consolidamento e di crescita regolare con un uomo di metodo e di ordine. In una parola, un 'organizzatore'.

In molte congregazioni e ordini religiosi—in realtà in molti altri tipi di organizzazione – il passaggio dalla persona e dalla generazione fondatrice alla successiva è di solito delicato poiché i nuovi arrivati desiderano andare avanti, talvolta in modi che si discostano più o meno notevolmente dai precedenti. Non sorprende perciò che il passaggio tra Colin e Favre abbia creato difficoltà e provocato ferite e incomprensioni da entrambe le parti. Se la controversia che ne seguì è rimasta all'interno della Società ed è stata risolta senza divisioni né scandali è dovuto in gran parte alla moderazione mostrata dai due uomini, al loro comune attaccamento alla Società e al desiderio condiviso di anteporre gli interessi della Società alle considerazioni personali.

Colin aveva lasciato il suo incarico senza risolvere la questione se 'i Padri Maristi del Santissimo Sacramento' (come li chiamava spesso) dovessero diventare un'opera esterna alla Società di Maria o se dovessero essere un ramo interno e, nel caso, quale doveva essere la sua relazione precisa con l'albero. Erano questioni che destavano inquietudine nei membri della Società. Cessando di essere superiore, Colin aveva perso il diritto di risolverle. Ben presto scoppiò una crisi a proposito del coinvolgimento dei Maristi, e specialmente di Colin, nell'opera eucaristica. Padre Favre intervenne e manifestò la sua 'opposizione formale' all'opera de La Neylière. Padre Colin comprese che l'opera eucaristica doveva essere giuridicamente separata dal resto della Società di Maria, senza tuttavia pensare—sembra—che questo gli avrebbe impedito di continuare i suoi contatti con essa. Nell'agosto del 1855 Favre decise che era giunto il momento di intervenire in modo esplicito. Non abbiamo un resoconto diretto di ciò che accadde tra i due uomini. Il risultato fu che, in obbedienza al suo successore, Colin rinunciò al progetto di comunità contemplativa eucaristica a La Neylière, che aveva tanto a cuore.

Tuttavia continuò ad interessarsi e a sostenere gli altri che, all'interno o all'esterno della Società, erano coinvolti in progetti eucaristici. Uno di loro era Pierre-Julien Eymard, la cui opera si stava avviando verso il momento decisivo. Nel corso di diversi incontri con entrambi, Favre aveva chiarito il suo pensiero. Stimava l'opera eucaristica in sé, ma la considerava come qualcosa di esterno alla Società. Aveva anche molta stima per Eymard e desiderava trattenerlo nella Società. Per questo motivo voleva che si ritirasse dall'opera eucaristica. Eymard credeva, però, che la sua missione eucaristica fosse prioritaria. Il 14 maggio 1856 fu dispensato dai voti nella Società di Maria e si trasferì a Parigi per iniziare la Società del Santissimo Sacramento. Accolto dall'arcivescovo di Parigi, scrisse a Favre chiedendogli di continuare l'amicizia nei suoi confronti e, in ogni corrispondenza con Roma, di parlare solo dell' 'opera' e non della sua 'indegnità'. Favre gli assicurò che 'la separazione avvenuta tra noi non ci impedirà di amarci sempre nei cuori di Gesù e di Maria'. Informò i Maristi della partenza di Eymard in termini di grande generosità, pregando che potesse 'far

Tavolo e sedia a La Neylière

conoscere, amare e glorificare sempre di più nostro Signore nel sacramento del suo amore, e noi ci rallegreremo con tutto il cuore'.

Uno dei motivi per i quali Colin aveva dato le dimissioni da superiore generale era la redazione delle Costituzioni della Società di Maria. Nel novembre 1855 andò a Belley e iniziò a lavorare su quelle delle Suore e sul regolamento dei Fratelli coadiutori. Non sapeva che Favre aveva già cominciato a scrivere la 'Regola fondamentale' dei Padri. Fu l'inizio di una lunga crisi che in seguito assunse proporzioni tali da minacciare l'unità della Società di Maria.

In seguito Favre disse a Colin di aver composto la sua regola 'mio malgrado, cedendo alle pressanti insistenze del consiglio e di un gran numero di miei confratelli'. Questa spiegazione non proveniva soltanto dal desiderio di chiedere scusa o di trasferire la responsabilità sugli altri. La nuova amministrazione sentiva l'urgente bisogno di una regola autorevole per il governo delle case e delle opere mariste. Favre non poteva assicurare, come Colin, che questo o quel punto era o sarebbe stato 'nella regola'. I potenziali candidati alla Società che domandavano di vedere le Costituzioni erano 'stupiti e persino delusi' di sapere che non c'erano ancora regole scritte in modo definitivo. Di fatto, erano invitati ad impegnarsi in qualcosa di non ben definito. Per tutti questi motivi non è difficile capire perché il consiglio spingeva Favre a fornire alla Società non proprio le Costituzioni definitive, che speravano sempre di ricevere da Colin, ma un'autorevole raccolta provvisoria delle sue regole di base in grado di guidare il governo interno e di essere consegnate a novizi e candidati. Favre e un suo assistente lavorarono in modo rapido ed efficace. Il 6 gennaio 1856 produssero un testo di *Regulae fundamentales Societatis Mariae ex illius constitutionibus excerptae*, che Favre pubblicò il 2 febbraio successivo. Il titolo esprime l'intenzione di elencare solo 'regole fondamentali' estratte dalle Costituzioni della Società. Per i non iniziati, poteva sembrare un semplice vademecum tratto da un testo che si presumeva esistente e approvato.

La vera questione non è di sapere perché Favre e i suoi consiglieri abbiano prodotto quel testo—la logica è chiara—ma perché hanno agito senza parlarne a Colin. Meglio ancora, perché il nuovo superiore generale non ha semplicemente aiutato Colin a terminare il lavoro sulle Costituzioni dei Padri? Se avesse agito in questo modo, non avrebbe forse evitato a se stesso e alla Società di Maria molti guai a breve e a lungo termine? Sembra che la decisione di Favre di non contattare Colin—una decisione certamente presa con il consenso dei consiglieri più vicini, e forse su loro spinta—sia stata motivata dall'esperienza e dall'osservazione della crescente difficoltà di lavorare con lui. Meglio quindi sfidare la sua collera dopo il fatto, che impegnarsi in trattative probabilmente prolungate e senza la certezza di un risultato utile.

Quando Colin ricevette una copia delle 'Regole fondamentali' di Favre, nel febbraio 1856, gli bastò leggere la prima pagina per capire che, nonostante l'affermazione che erano 'estratti dalle Costituzioni', il nuovo superiore generale era sul punto di operare—forse senza rendersene pienamente conto—una rottura radicale. Era ancora la stessa Società?

Chissà se Colin avrà pensato in quel momento di seguire Eymard, con il quale aveva avuto lunghe conversazioni a Lione nel marzo 1856? Qualcuno in seguito l'ha affermato. In tal caso, poteva pensare che la nuova direzione che Favre sembrava dare alla Società di Maria gli dava ragione. Se non riconosceva in essa la Società per la quale aveva speso la sua vita, non era meglio tagliare di netto e unirsi alla nuova Società che aveva chiamato 'la porta sinistra' del suo cuore? In realtà, lo sappiamo, è rimasto nella Società che era la 'porta destra' del suo cuore.

Nell'aprile 1856 Favre sottomise le sue 'Regole fondamentali' alla Congregazione romana dei Vescovi e Regolari. La congregazione le affidò ad un consultore, che fece un certo numero di osservazioni. Una di queste affermava: poiché le Costituzioni della Società di Maria non erano mai state approvate, era inappropriato dichiarare nel titolo che queste regole fondamentali erano 'un estratto dalle Costituzioni' (della Società). Favre decise di rivedere ulteriormente il testo, che da quel momento fu chiamato semplicemente 'Regole fondamentali della Società di Maria'.

Colin pensò che fosse stato raggirato. Il periodo che seguì, dalla metà degli anni '50 alla metà degli anni '60, furono in gran parte anni di isolamento e di silenzio. Non prese parte alle vicende della Società e non partecipò a nessun capitolo né ritiro comune. L'unica attività pubblica in cui era regolarmente impegnato era per le Suore Mariste: continuò ad accompagnarle e a lavorare alle loro Costituzioni. Stava progressivamente invecchiando. Erano sempre più frequenti i problemi di salute e la debolezza fisica si faceva sentire sempre di più. Continuava ancora a viaggiare in luoghi familiari, ma tendeva a trascorrere sempre più tempo a La Neylière. In casa la sua vita assunse uno schema regolare che possiamo conoscere attraverso gli occhi dei confratelli e dei visitatori. Aveva più tempo anche per le sue relazioni, specialmente con i fratelli e le sorelle ancora in vita, un nipote e due nipoti donne che erano maristi. Continuò anche a corrispondere con Marie-Thérèse Dubouché, fino alla morte di lei avvenuta nell'agosto 1863.

Nel frattempo, il 13 luglio 1856, Jean-Claude subì la perdita di suo fratello Pierre, la cui vita era stata tanto legata alla sua. Si trovava con lui a Puylata quando è morto. Pierre Colin era vissuto in un certo senso all'ombra del fratello più giovane. Tuttavia era una figura importante e molto amata nella Società, nella quale era conosciuto come il 'Padre direttore', titolo che aveva portato con sé fin da quando era direttore spirituale al collegio-seminario di Belley. Ai tempi di Cerdon aveva svolto un ruolo significativo a fianco di Jean-Claude nel tentativo di fondare la Società. Come parroco, infatti, aveva preso l'iniziativa in diversi atti ufficiali, almeno formalmente. Possiamo considerarlo come co-fondatore delle Suore Mariste perché era lui che aveva conosciuto Jeanne-Marie Chavoin e l'aveva fatta venire con Marie Jotillon a Cerdon, dove aveva continuato a guidarle e a proteggerle. Era rimasto uno dei più stretti collaboratori di Jean-Claude—una posizione non sempre facile neppure per il fratello del superiore. Jean-Claude ha sofferto profondamente per la perdita di suo fratello.

Due anni dopo, il 30 giugno 1858, a Jarnosse (Loire) morì Jeanne-Marie Chavoin. Jean-Claude aveva intenzione di andare a trovarla, ma non lo fece mai. Ora era rimasto l'unico sopravvissuto dei tempi eroici di Cerdon e di Belley, quando lei e i due fratelli Colin si sostenevano a vicenda nei loro progetti e nel lavoro per la Società di Maria. Nonostante le loro recenti divergenze, i rapporti tra Jean-Claude e Jeanne-Marie un tempo erano stati stretti e profondi. Questo forse spiega la sua nota di amarezza quando egli reagì al rifiuto di Jeanne-Marie di accettare le sue ultime idee sulle Suore. In ogni caso, questo era un altro irreparabile vuoto nella cerchia dei suoi vecchi amici e compagni d'arme.

All'inizio del 1860 le gelide relazioni tra Jean-Claude Colin e Julien Favre cominciarono a sciogliersi. Il superiore generale aveva inviato gli auguri di Buon Anno al suo predecessore. Colin gli aveva risposto con molta gentilezza e aveva assicurato al suo successore costanti preghiere per lui e per la Società. A metà di quell'anno, il 15 giugno 1860, la Santa Sede approvò la regola di Favre, ora chiamata 'Costituzioni dei Sacerdoti della Società di Maria', per un periodo di prova di sei anni. Colin ne concluse che era stato "sollevato dalla missione di produrre Costituzioni agli occhi di Dio e della Società", e non aveva altro dovere che prepararsi alla morte.

Non tutti i Maristi, però, erano d'accordo con questa valutazione. Un numero sempre più crescente pensava che solo Padre Colin aveva il diritto di comporre le Costituzioni definitive della Società. Fu convocato un capitolo generale per il 1866. Padre Favre esortò il suo predecessore a partecipare al fine di 'mettere il sigillo della vostra saggezza e autorità sul vostro lavoro' e chiese perdono per 'tutto ciò che aveva potuto angosciarlo'.

Quando il capitolo si aprì, il 5 giugno, Jean-Claude era presente, seduto vicino a Julien Favre. Il dibattito e l'atmosfera furono di totale unità e armonia. Fu celebrato solennemente (con leggero anticipo) il giubileo d'oro dell'ordinazione sacerdotale di Colin. Cosa ancora più significativa: il capitolo gli affidò 'la redazione delle nostre regole'. Tutti, compreso lo stesso Colin, presumevano che questo significasse prendere come base il testo di Favre e rivederlo. Nel frattempo fu chiesto alla Santa Sede di prolungare il periodo di prova per altri sei anni.

Nonostante l'aiuto di alcuni assistenti, Colin progrediva lentamente perché non si sentiva a suo agio con un testo base che non era suo. La svolta decisiva avvenne nell'aprile del 1868 quando, mentre era in visita a Belley, venne a conoscenza dell'esistenza di una copia delle sue Costituzioni del 1842 che pensava non esistessero più. Da quel momento decise di tornare a quel testo, che esprimeva al meglio le sue idee, come base per le Costituzioni attese dalla Società.

Era una decisione potenzialmente controversa. Da una parte permetteva che il lavoro procedesse senza intoppi e rapidamente. Dall'altra parte equivaleva all'abbandono del mandato conferitogli dal capitolo generale, che egli aveva cercato di adempiere lealmente, e all'assunzione—o meglio alla ripresa—di un mandato che riteneva di aver ricevuto dal cielo. La domanda era: la Società avrebbe riconosciuto tale mandato?

Divenne presto evidente che l'opposizione al ritorno alle Costituzioni di Colin non si basava solo sul fatto che la regola di Favre era stata approvata provvisoriamente da Roma. Erano sorti dubbi sul diritto di Colin di considerarsi fondatore della Società di Maria e sull'ispirazione della sua regola. Ormai molti Maristi avevano sentito parlare di Courveille. Non era lui il vero fondatore? Quali erano, in ogni caso, le origini della regola primitiva? Le controversie su questi punti non furono risolte prima del 1870.

Fu convocato un capitolo generale per il 5 agosto di quell'anno. Favre disse all'assemblea: 'Ci siamo riuniti non per dividerci ma per unirci'. Chiese a tutti di avere "uno spirito di pace e di unione' e di evitare 'il triste esempio di alcune nuove società in cui il generale e il fondatore non erano uniti e avevano ciascuno i propri simpatizzanti'. 'Preferiva piuttosto morire' che trovarsi nella stessa divisione. Al fine di rimuovere gli ultimi dubbi, le ambiguità o i sospetti sulla sua posizione riguardo le sue Costituzioni e quelle di Colin, dichiarò che 'circostanze particolari' lo avevano obbligato a pubblicare 'le regole che conoscete'. Ma ora 'il Reverendissimo Padre Fondatore ci consegna il suo lavoro. Lo accetto con tutto il cuore'.

Una commissione istituita dal capitolo riconobbe che 'il R. P. Colin è il nostro unico e vero Fondatore', intendendo con queste parole che è 'colui che non solo ha pensato l'opera, ma che l'ha organizzata e le ha dato vita'. Raccomandò che il capitolo decidesse di accettare 'in linea di principio' le Costituzioni da lui presentate. Adottò anche una dichiarazione secondo la quale la Beata Vergine Maria è la vera fondatrice della Società che porta il suo nome e che i membri della Società la scegliessero come 'prima e perpetua superiora'.

Una tale dichiarazione assumeva, in quel momento e in quel contesto, un grande significato: simboleggiava la piena riconciliazione tra Colin e Favre in un documento in cui ciascuno 'scompariva' poiché essi e tutti i Maristi riconoscevano Maria come loro fondatrice e superiora. Porre l'origine e il governo della Società su un piano soprannaturale così alto non dispensava naturalmente i Maristi dal fare indagini storiche sul ruolo svolto dagli strumenti umani che Maria aveva utilizzato per fondare la congregazione e neppure dal concepire forme concrete di governo in suo nome. Significava invece che non c'erano più motivi di schierarsi dalla parte del fondatore o del superiore generale, uno contro l'altro, e così fu evitata la minaccia di uno scisma. Era un bell'esempio dello 'sconosciuti e nascosti' in azione.

Il 2 settembre il capitolo dovette essere sospeso per paura di una rivoluzione in seguito alla sconfitta della Francia da parte della Prussia e dei suoi alleati tedeschi. Quando riprese, nel gennaio-febbraio 1872, terminò il lavoro di esame e di approvazione del testo. Non restava altro che le Costituzioni mariste fossero approvate da Roma. Cosa che fece Papa Pio IX il 28 febbraio 1873.

Il 25 marzo 1873, festa dell'Annunciazione, il superiore generale annunciò a tutta la Società la buona notizia: 'Le nostre Costituzioni sono definitivamente approvate dalla Santa Sede.' Per Colin questa approvazione significava la fine della sua missione verso la Società.

Un nuovo passo doveva essere fatto. Il 9 luglio Julien Favre convocò un capitolo generale speciale per ricevere e promulgare le Costituzioni della Società di Maria approvate dalla Santa Sede. Il capitolo si riunì il 12 agosto 1873. Jean-Claude Colin era là per assistere all'adempimento finale del lavoro della sua vita. Tuttavia non prese parte a nessuna delle sessioni plenarie.

La partenza di Colin per La Neylière, lunedì 25 agosto, colse di sorpresa alcuni Maristi, anche se si vociferava che sarebbe partito. La voce si sparse. Coloro che erano in casa scesero, ciascuno con un esemplare delle Costituzioni. Colin entrò nella sala capitolare e si lasciò cadere su una poltrona. I presenti chiesero al fondatore di dire un'ultima parola. Si sforzò di dire qualche frase ma le sue forze lo abbandonarono. Chiese aiuto per alzarsi dalla sedia. Quando coloro che gli erano intorno si resero conto che voleva mettersi in ginocchio e chiedere la loro benedizione, protestarono e lo obbligarono a rimanere seduto. Continuava a chiedere la loro benedizione. Cominciarono, ma Colin li interruppe e chiese loro perdono per i cattivi esempi che aveva dato e implorò le loro preghiere affinché il buon Dio gli perdonasse tutte le colpe con cui aveva impedito l'opera della Santa Vergine. I capitolari insistettero per avere la sua benedizione. La diede loro usando una formula latina piuttosto lunga che abbracciava l'intera Società, i suoi ministeri, i parenti e i benefattori dei Maristi e tutti i membri del Terz'Ordine. Volevano ricevere dalle sue mani la copia delle Costituzioni, ma lui insisteva che spettava al superiore generale distribuirle. Volevano che almeno toccasse e benedicesse i volumi.

In quel momento entrarono nella sala i novizi, altri padri e qualche fratello e gli chiesero la benedizione. La sua voce era ormai così flebile che appena si sentiva, ed era in lacrime. Il più vicino lo baciò e tutti gli altri volevano avere lo stesso privilegio. Era l'ora di partire; la carrozza stava aspettando. Ignorando le proteste di Colin, lo alzarono con la poltrona e lo portarono verso la carrozza. Così si congedò dal capitolo e da Lione per non tornare mai più.

Jean-Claude Colin poteva ora cantare il suo 'Nunc Dimittis'. Ma non aveva ancora terminato del tutto il suo lavoro. Malgrado mancasse di forze, trascorse gli ultimi anni della sua vita a lavorare sulla regola del ramo laico della Società. Era un ritorno alle sue prime idee espresse nel 1833.

Durante quel periodo fu assistito da Fratel Jean-Marie Chognard; da qualche anno fungeva da suo segretario e collaboratore personale, gradualmente divenne suo assistente e infermiere. Quando la vista di Colin si abbassò, Jean-Marie cominciò a scrivere sotto dettatura e leggeva per lui, soprattutto un passo quotidiano della Bibbia—abitudine che Colin aveva mantenuto fin dai tempi del seminario. Si stava progressivamente indebolendo e quando, nell'autunno del 1875, cominciarono a leggere il libro di Giobbe, notò che Colin pensava che non sarebbe vissuto abbastanza a lungo per terminarlo. Colin morì serenamente il 15 novembre 1875 all'età di 85 anni. Le sue spoglie riposano a La Neylière.

Vecchia foto dell'altare e della tomba a La Neylière

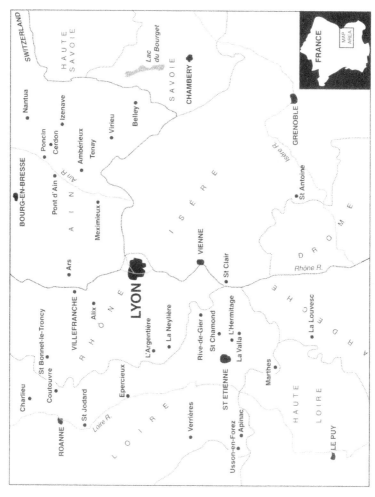

Mappa dei luoghi delle Origini Mariste

CPSIA information can be obtained
at www.ICGtesting.com
Printed in the USA
JSHW032000300322
24361JS00006B/241

9 781922 737090